現実を読み解くための国語教育

記号論・現象学を観点として

首藤　至道
SYUTO, Norimichi

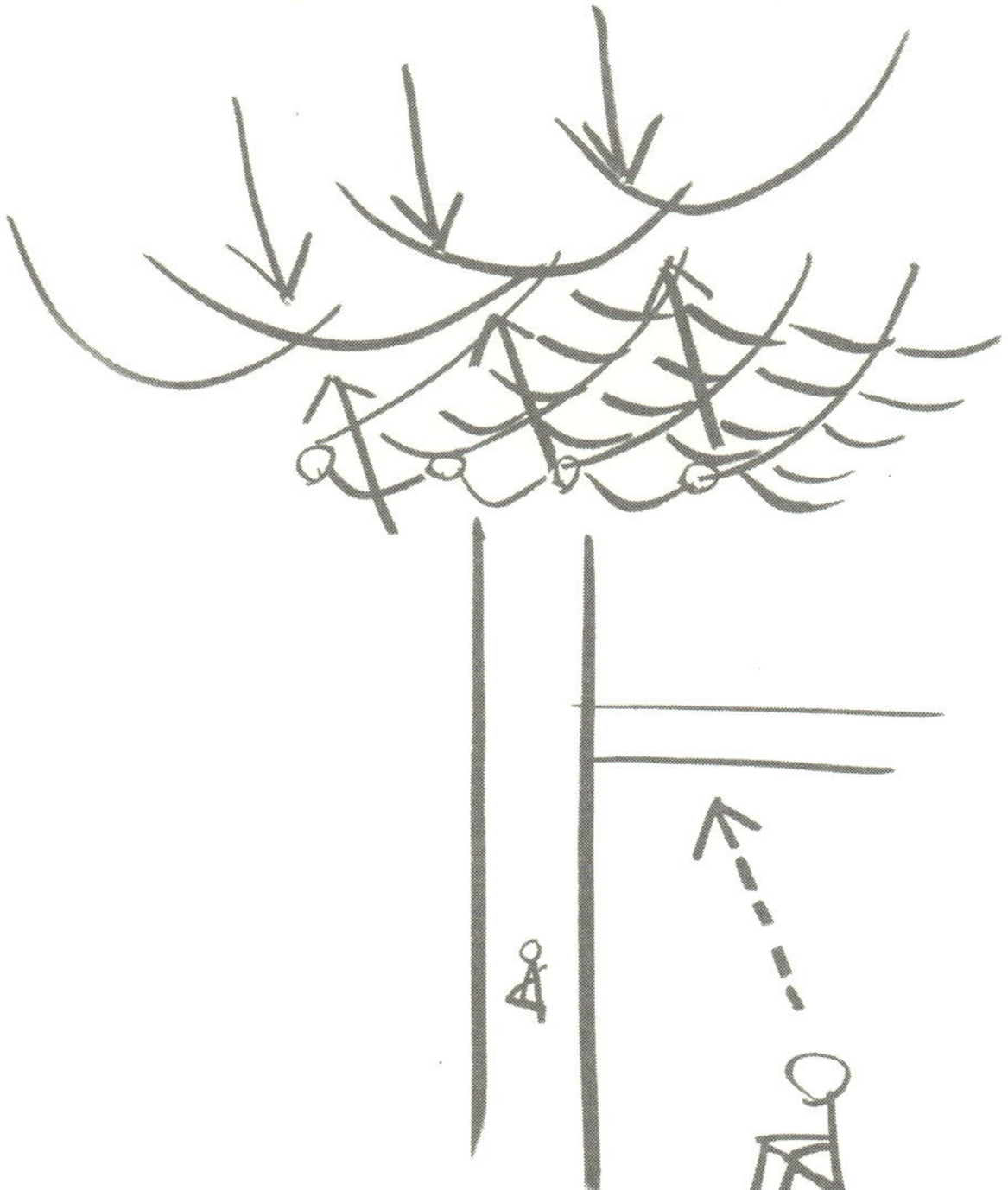

溪水社

はじめに

コミュニケーション能力という言葉を目にする機会が多い。しかし、その中身については、それが語られる文脈によって異なっている。ある文脈では他者と協調する力として語られ、ある文脈ではプレゼンテーション能力に近い意味として語られている。その背景も、「生きる力の獲得」や「グローバル人材の養成」など様々である。しかし、突き詰めればコミュニケーション能力とは、相手の言葉をよりよく理解し、自分の言葉をよりよく相手に伝えるということに他ならない。その力を学習者個々に身につけさせることが、国語教育に求められている。

本書の目的は、国語教育実践を分析するための枠組みとして、一つの言語観を提示するところにある。その言語観は主に記号論と現象学によるものである。前半で設定した枠組みを使って、後半においては『羅生門』等を教材とした論者自身の授業実践を対象として、枠組み自体の働きと効果とを検証していく。

記号論や現象学が提示する言語観を一言で言えば、「言語とは、単にコミュニケーションの道具であるだけでなく、人の心そのものであり、同時に人の認識する現実そのものである」ということである。したがって本書の提示する言語観は、単にコミュニケーション能力を高めることを目的とするだけでなく、「現実を読み解く力」の獲得という目的をその遠景に持っている。それが、本書の題名の由来である。

記号論学者の丸山圭三郎氏が言うように、情報化社会がもたらした情報過多と急激な文化社会の変化は、言葉の混乱とそれによるディスコミュニケーションの現状を招いた。それらの変化に背を向けることなく、真っ向から情報を受け取り、読み解き、さらにはそれらの情報を自らの内面で血肉化した言葉として再構成し、情報を発信する。その力をより効果的に養うための具体的な方法を本書において模索していく。

本書の前半で語られる枠組みは、その大部分が論者自身の修士論文において設定された。後半は、論文執筆後十五年に渡る論者自身の教育実践を対象としている。それらの実践はそもそも研究目的でなされたものではない。学習者個々に文章をより正確に読み解かせたいという教育現場の教員としてのシンプルな動機が出発点となっている。十五年もの間その実践を継続できたのは、雑務に追われる教育現場の教員でも簡単に実践できる内容だからだ。そしてそれは教師自身が「現実を読み解く力」を養う実践でもあるからだ。教師と学習者とが互いに触媒となって相互に刺激し合いながら教材という「現実」を読み解いていく実践のあり方を本書において提案する。

目次

現実を読み解くための国語教育

—記号論・現象学を観点として—

第一章　記号論・現象学に基づく言語観

第一節　現代におけるコミュニケーションの基本的な問題

一　PISA二〇〇〇年「落書き」

記号論の研究者である丸山圭三郎氏は著書『ソシュールの思想』（岩波書店）において次のように述べている。

「私たちは地上に生をうけた瞬間からコトバに囲まれ、コトバによって育てられ、コトバを通して物を考え、コトバを介して他者との関係を樹立していく。あまりにも身近であり無意識的なものであるが故に、ほとんど反省的にコトバを考えてみることもない。特に一方通行的な情報過剰の中で、かえってその過剰故に起るディスコミュニケーションに陥り、同じ日本語を語っても通じないいらだち、無意味な流行語の氾濫、真の対話の不在等々、コトバに対する強い不信と絶望感を多少とも感じない人は恐らくいないであろう。」

（『ソシュールの思想』まえがき）

『ソシュールの思想』の第一版は一九八一年である。それから三十年以上経った現在もこのようなディスコミュニケーションの状況は続いている。もちろん「不信や絶望感」は量的に測ることはできない。また不用意にそれらの原因について語ることもできない。しかしこの三十年の間にインターネットやスマートフォンの出現によって、「情報過剰」の状況がますます拡大されてきているのは確かだ。

情報過多がもたらすディスコミュニケーションの状況について考えるためには、我々一人ひとりの情報処理能力を問題にするだけでなく、情報のやりとりが行われる際のコミュニケーションのあり方そのものを問題にしなければならない。

二〇〇〇年に行われたPISA（OECD生徒の学習到達度調査）に「落書き」という問題がある。学校の壁に書かれた「落書き」をめぐって二人の女の子が書いた二通の手紙が比較されている。以下の文章はその本文である。（問は省略）

> 学校の壁の落書きに頭に来ています。壁から落書きを消して塗り直すのは、今度が4度目だからです。創造力という点では見上げたものだけれど、社会に余分な損失を負担させないで、自分を表現する方法を探すべきです。
>
> 禁じられている場所に落書きするという、若い人たちの評価を落とすようなことを、なぜするのでしょう。プロの芸術家は、通りに絵をつるしたりなんかしないで、正式な場所に展示して、金銭的援助を求め、名声を獲得するのではないでしょうか。
>
> わたしの考えでは、建物やフェンス、公園のベンチは、それ自体がすでに芸術作品です。落書きでそうした建築物を台なしにするというのは、ほんとに悲しいことです。それだけではなくて、落書きという手段は、オゾン層を破壊します。そうした「芸術作品」は、そのたびに消されてしまうのに、この犯罪的な芸術家たちはなぜ落書きをして困らせるのか、本当に私は理解できません。
>
> ヘルガ
>
> 十人十色。人の好みなんてさまざまです。世の中はコミュニケーションと広告であふれています。企業のロゴ、お店の看板、通りに面した大きくて目ざわりなポスター。こういうのは許されるでしょうか。そう、大抵は許されます。で

は、落書きは許されますか。許せるという人もいれば、許せないという人もいます。

落書きのための代金はだれが払うのでしょう。だれが最後に広告の代金を払うのでしょう。その通り、消費者です。看板を立てた人は、あなたに許可を求めましたか。求めていません。それでは、落書きをする人は許可を求めなければいけませんか。これは単に、コミュニケーションの問題ではないでしょうか。あなた自身の名前も、非行少年グループの名前も、通りで見かける大きな製作物も、一種のコミュニケーションではないかしら。

数年前に店で見かけた、しま模様やチェックの柄の洋服はどうでしょう。それにスキーウェアも。そうした洋服の模様や色は、花模様が措かれたコンクリートの壁をそっくりそのまま真似たものです。そうした模様や色は受け入れられ、高く評価されているのに、それと同じスタイルの落書きが不愉快とみなされているなんて、笑ってしまいます。

芸術多難の時代です。

ソフィア

（『日本の教育と基礎学力』21世紀ＣＯＥプログラム　東京大学大学院教育学研究科基礎学力研究開発センター編　73～74頁）

ヘルガとソフィアの手紙は、活発な意見の交換のように見えて、論点が全くかみ合ってない。（図1を参照）
ヘルガは学校の壁の落書きを否定する意見を様々な観点で根拠づけようとしているが、それらの観点は箇条書き的であり論理性に欠ける。しかし、落書き自体が持っている反社会性は読み手にとってもあまりに自明のことであり、特に違和感を感じることはない。
それに対してソフィアは落書きを肯定する意見を、「コミュニケーションの問題」という絞り込まれた論点と適切な具体例によって根拠づけようとしている。落書き自体は明らかに反社会的な行為でありながら、読み手に一理あると思わせるだけの説得力を持っている。
このやりとりが現実のものであり、実際に白黒が付くところまで話し合いがもたれたとしたら、やはり落書き

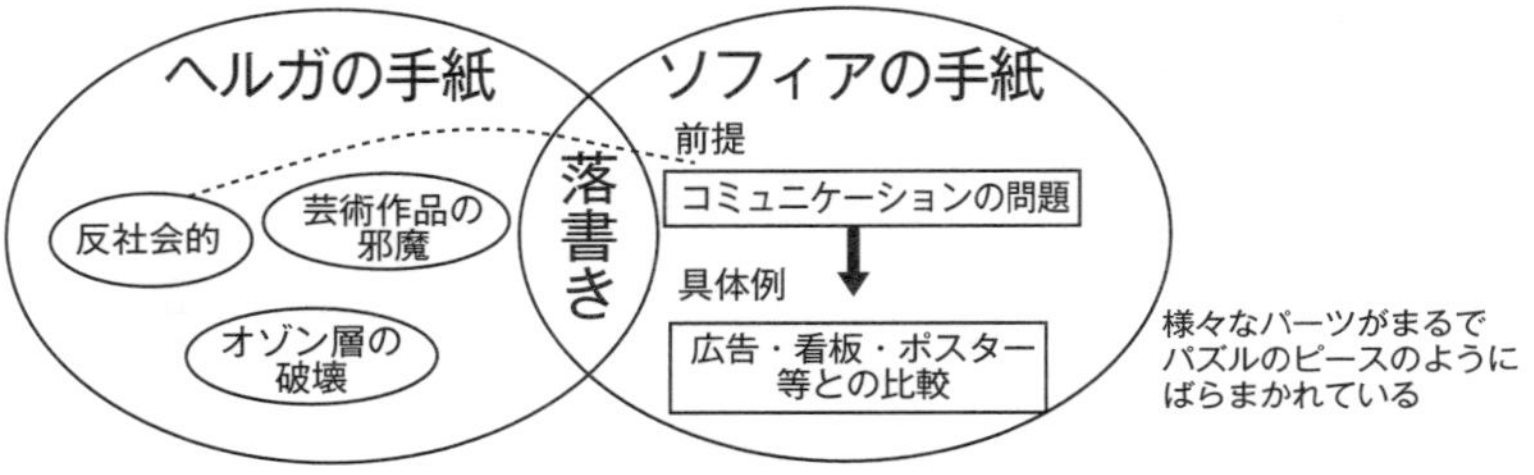

図１　「落書き」の構造

自体の違法性は決定的であり、ヘルガの方に軍配が上がるのだろう。しかし対象が落書きではなく、どちらの立場や言い分にも理があり、微妙な判断を要する問題だったら、むしろ論理性に富んだ手紙を書いたソフィアの方が有利かもしれない。

論理的な文章構成能力は重要だ。「コミュニケーションの問題」という独自の視点から、適切な具体例によって作り上げられたソフィアの文章展開は論文的でさえある。だが本書においては、そのような文章作成能力を直接の考察対象とはしない。

調停者の立場から図1を見てみる。「落書きは違法だから」で裁定を下すのではなく、二人共が納得できる形でこの争いに決着をつける方法を考えてみよう。二人の立場はあまりに違うため、簡単には決着がつきそうにない。しかし、それぞれの意見をパズルのパーツのように組み合わせていくと、ヘルガの社会性という観点と、ソフィアのコミュニケーションという観点は、「人と人とのつながり」という点で共通しており、対話レベルの話し合いが持てそうである。

ここで「話し合いが持てそうだ」という判断を下した論者自身の心を観察してみる。それぞれの手紙の内容を精査する過程で、論者の心の中にはヘルガとソフィアそれぞれの人物像のようなものが生まれている。真面目で優等生的なヘルガに対して、思考能力があるがやや素直さに欠けるソフィア。そのようなイメージの是非はともかく、それらが二人の手紙の中の言葉を全力で受け止めようとした結果であることをここで強調したい。論者は調停者の立場から手紙の中の言葉全てをパズルのパーツのように組み合わせ、二人の人格を心の中に作り上げて話し合いの場の雰囲気をありありと感じ、その上で話し合いが決着する可能性を探った結果として、「人と人とのつながり」を話し合いの観点として選択している。つまり単なる言葉の意味や論理を超えた、メタレベルでの判断がなされている。

しかし当事者である二人が、そのようなメタレベルの視点を維持しながらコミュニケーションするのは容易なことではあるまい。意見の異なる相手との言葉のやりとりの中で、相手の言葉の一つ一つを受け止めるだけでなく、自分自身の立ち位置をも意識しながら、相手と自分との複数の視点を俯瞰的に捉え続ける必要がある。

「落書き」のような状況は我々の日常生活そのものだ。インターネット上の掲示板やツイッター、フェイスブック等のＳＮＳ（ソーシャル・ネットワーキング・サービス）はリアルタイムで様々な情報や多くの人々の意見を我々に伝える。状況によっては新聞やテレビ等の通常メディア以上の正確さとスピードを持つことさえある。当然のことながらそれら膨大な量の情報の海を泳ぐ力が我々に求められる。

それらの過剰な情報は、我々の日常的なコミュニケーションのあり方をも変化させている。丸山圭三郎氏の言うように「同じ日本語を語っても」それが話し手と聞き手とで同じ意味を持っているとは限らない。相手がどのような情報からどのような影響を受けているかを、言葉のやりとりそのものから探る。その上で言葉を選び、話題を選びながらコミュニケーションしていく。

もちろんそのような相手の言葉の背景を考えずともコミュニケーションすることは可能だが、それでは相手か自分のどちらかの背景に一方的に寄り添った形になってしまう。単に相手に話を合わせ、相づちを打っているだけの会話は実際珍しくはあるまい。

周囲の複数の他者のそれぞれ異なる見解を聞き、それぞれの他者が背景に持つ文脈を理解し、それらを統合する視点を見出して初めて「現実」を読み解いたと言える。そして獲得した現実認識を基に他者とよりよくつながりあうことができる。このような能力は「生きる力」と呼べるはずだ。次項においては、カウンセリングの考え方を参考にしながら、そのような「生きる力」の具体的なあり方を探っていく。

二　カウンセリングの「受容」

本項においては、カウンセリングの考え方を参考にして、国語教育実践の観点の一つを探っていく。かつて上智大学にあったカウンセリング研究所の初代所長である小林純一氏は、著書『カウンセリング序説—人間的・実存的アプローチの試み—』(金子書房)において、カウンセリングの「受容」について次のように述べている。

「カウンセラーの受容的態度とは、クライエント自身を、そのあるがままにみる態度である。(中略)ところで、受容という言葉は誤解されやすい。ある人々は承認と同じ意義にとらえているが、承認はある判断がすでに下されてから後のことを意味する。また受容は同意することでも黙認することでもないし、許可を与えることでもない。受容的態度は、クライエントの述べる言葉や種々の表現を通して、クライエントの見ている世界を、そのまま知覚し、これをクライエントに伝えることによって、それが真にクライエントが見る自分自身の世界を、で自己であるかどうかを正す意図をもつ態度である。換言すれば、クライエントが見る自分自身の世界を、できるだけそのまま、カウンセラーも見ようとする自分をクライエントに伝える態度である。」（『カウンセリング序説―人間的・実存的アプローチの試み―』121頁）

カウンセラーの働きかけは、承認でも、許可でも同意でもない。具体的には、まずクライエントをあるがままに見て、そこでつかみ取ったクライエントの「内的世界」をそのまま彼に伝える。「あるがままに見る」ことは容易ではない。人は何かの判断をする際に、自分の持っている「常識」や「偏見」に自分の意思決定を左右されやすい。カウンセラーは目の前にいるクライエントの姿を、まっすぐそのまま見つめ、クライエントの言葉を曇り無く受けとめなければならない。そうやってつかみ取った「ありのままの」クライエントの心（内的世界）を、そのまま彼に伝えなければならない。

人は一人一人自分の世界の中に生きている。一人一人が自身の「内的世界」を持っており、我々はそれを認識の基盤として、他者や様々な価値を理解し、自分を取り巻く世界に関わっていく。

「内的世界」とは何かについて、小林純一氏は著書『創造的に生きる 人格的成長への期待』（金子書房）において次のように述べている。

「以上述べたことを簡単に言い換えてみれば、〝見られる自分〟も〝見る自分〟も、〝自分が見る他人と世界〟もみな、一人の人間が生きている一つの世界を描写する、ということである。人間にとって〝見る〟ということは、その人の生きている内的な世界を構成することであり、同時に、その世界のなかに生きている〝その人〟を意味するのである。（中略）それは、人は、自分自身を見、他人を見、世界を見ることによって自分のなかに固有な世界をつくりながら、そこに生きるからである。つまり、自分が生きている内的世界を見れば、そこに、〝自分はだれか〟という問いに対する大切な答えの一つ、つまり、自分はどんな世界に生きている人であるかを知るのである。」（『創造的に生きる 人格的成長への期待』149〜151頁）

つまり「内的世界」は単に「人の心」といった一般概念を意味しない。ポイントは次の二点である。

①「見る」ということはその人の生きている「内的世界」を（自ら）構成すること。
②「見る」ということは、「内的世界」に生きているその人を意味する。

①については、他者や様々な価値を知ることによって、自分の知識が増えていき、それに伴って彼の理解している「世界像」が拡大していく、といった単純な解釈も可能であろう。しかし、②についてはそのような解釈は成立しない。「見る」という行為が、そのまま「見るという行為をしているその人」をも意味するというのである。常識的な文章構文の範疇で解釈する限り、②は「見る」動作と「見る人」という物を同格に扱っていることになり、矛盾した文章だということになる。

しかし、①と②は全く同じ概念を語っているのであり、両者ともに「内的世界」の正確な記述なのである。①、②を言い換えれば次のようになる。人の持っている「内的世界」は、人が他者や世界を志向する―見る―とき初めて生まれ、他者や様々な価値との関係の束によって構成される「現実」そのものである。

これは「現象学」の考え方と等しい。小林純一氏は次のように述べている。

「クライエントは、自己の現象学的世界を再形成することによって、現実の世界を居心地よいものと感ずるようになる。カウンセラーはこの実現を援助するのである。」（『カウンセリング序説―人間的・実存的アプローチの試み―』16頁）

また、小林純一氏は現象学の「志向性」の概念を次のように説明している。

小林純一氏の説く「内的世界」は、「現象学的世界」の概念に等しい。

「彼（※引用者注・ブレンターノ）によると、意識は志向的なものであり、常に対象に向かっていて、それと一致しているという。フッサールは、ブレンターノのこの概念をとって彼の思想に適用した。他の現象学者たちと同様に、意識というものは常にある何かを意識するというふうに、自然に何かと関係していて、それに向かっている。愛するという対象がなければ愛というものはあり得ないし、願望する何かの対象がなければ願望というものはない。また、知覚すべき対象がなければ知覚はない。意識の内容を知るということは対象そのものを知るということである。」（『カウンセリング序説―人間的・実存的アプローチの試み―』99～100頁）

現象学によれば、意識は常に何物かについての意識である。しかも、単に「何かについて考える」といった意味にとどまらず、意識することによって初めて対象が生まれる。つまり意識が「現実」を生み出すのである。意識の無い世界に「現実」も存在しない。先に述べた「見る」行為はここでの「志向性」に他ならない。「見る」ことが「現実」を創り出し、現実との関係によって構成される自分の心をも創り出す。

右のような考え方は常識的な観点からは理解困難であろう。我々の常識では、意識が無くても、すなわち我々がいなくても、「現実」というものは存在するはずである。例えば、目の前にある机は、我々と関係なく「机」として存在するはずで、我々が消えて無くなっても「机」は存在し続けるはずだ。対象と意識とは切り離せるはずである。以上のような認識が一般的であろう。

右の問題点に関する詳細な分析は次節において行う。

ただ、小林純一氏の言説にある「現象学的世界」の概念は、現象学そのものほど難解ではない。人は、それぞれの持っている独自の世界観を通して自己と世界との関係を認識している。

ほぼ同様の観点から、梶田叡一氏は著書『内面性の人間教育を―真の自立を育む』（金子書房）において、「内面世界」について次のように述べている。

「一人ひとりは、もともと、その顔の背後に、他の人にはうかがいしることのできない独自の世界を秘めているのです。

この世界とは、まずもって、その人の意識の広がりと内容のことです。つまり、その人の心のスクリーンに何がどのように映っているか、という世界であり、また同時に、そうした映像をもたらす心のスクリーン自体のあり方でもあります。より具体的には、その人が自分の目を通じて見、自分の耳を通じて聞き、自分の肌で感じ取り、自分の頭で意味づけたり判断したりしている世界であり、また、そうした世界をもたらすその人独自の心的装置のあり方でもあります。われわれは、そういう銘々持ちの内面世界をはらみながら、それぞれなりに行動し、また互いに会話しているわけです。この観点からすれば、われわれが他の人に出会い、話し合い、協力したり喧嘩したりしているというのも、そうした銘々持ちの内面世界の中において生じている一つの現象にすぎない、ということにもなります。

一人ひとりの内面世界に映っているものは、同じところで同じものを注視していたとしても、あるいは同じことを同じようにやっていたとしても、決して同じではありません。（中略）別の言い方をすれば、それぞれの主観的な世界以外に、「本当の客観的な現実世界」がたとえ存在するにしても、われわれに与えられているのは、それぞれの心のスクリーンに映し出されたその主観的映像にすぎないのです。つまり実際には、どこにも「客観的世界についての正しい認識」など存在する余地はない、と言ったほうがよいかもしれません。

だからこそわれわれは、自分の主観的世界が外的現実を的確に反映したものとなるよう、現実検証の試みと自己内吟味とを重ねざるをえないのです。さらに言えば、「お互いに納得し合える」論拠や論理という道具立てを準備することによって、各自の主観的世界の共通部分を確認し拡大すべく努力しているのも、このためなのです。こうした努力をしなければ、われわれは自分の内面世界の中に、文字通り閉じ込められてしまうことになるのです。」（『内面性の人間教育を―真の自立を育む』24～27頁）

我々一人一人は、それぞれ独自の「内面世界」を持っている。我々は「内面世界」を通して「現実」を認識している。逆に言えば「現実」を認識する手だてとして我々は「内的世界」という枠組みを使うしかない。我々が「客観的現実」と思っているものはみな、それぞれの「内面世界」に写し出された「主観的映像」に過ぎない。たとえ主観の外に「外的（客観的）現実」が実在するとしても、「内面世界」を通過させずにそれを認識することはできない。したがって、「内面世界」の数だけ認識結果としての「現実」も存在することになる。そこで一人一人の持つ「内面世界」が、「外的世界」を的確に反映しているか常に検証する必要が生まれる。

梶田叡一氏は引用箇所に続く文脈で、そのような検証の結果として一人一人が認識する「現実」を「間主観（相互主観）」と表現している。これは現象学の用語である。

「落書き」のヘルガとソフィアもそれぞれの「内面世界」を持っており、異なる「現実」を見ている。「落書き」には続きがあって、さらに手紙のやりとりが行われ、それぞれの「現実」が少しずつ重なっていくのだろう。そうでなければ二人はそれぞれの内面世界に閉じこめられたままである。

ヘルガとソフィアの姿は、現代社会を生きる我々自身の姿だ。情報化社会のもたらす急激な変化を文化背景に持つ状況では、いっそう意識的に「内面世界」と「外的現実」との関係を検証し続ける必要がある。次節においては現象学を対象にして、そのような現実を読み解く力を育む国語教育の観点の置きどころを探っていく。

第二節　現実認識を作り出すもの ―言語―

一　現実認識の基盤 ―フッサールの現象学―

1　事象と認識を一致させるもの ―原的な直観―

第二節においては、国語教育の観点として、特に「言語」の働きについて、現象学や記号論の知見を借りて分析していく。現象学や記号論の分析に際しては、その基本理念の把握を第一目的としながらも、第一節の内容や国語教育との関連を意識しながら考察していく。

まず第一項は、カウンセリング理論において「内的世界」を「現象学的世界」と位置づけた小林純一氏の説を受け、「現象学」が人間の「認識」をどのように捉えているかを分析していく。「現象学」についての考察に際しては、可能な限りエドモンド・フッサール自身の言説を対象とし、適宜後世の研究者の言説を参考にしながら論を進めていく。「現象学」に関して第一節において提起されたのは以下のような問題点である。（①、②は第一節において提示された順番である。）

①「見る（志向する）」ことがなぜ「現実」を作り出すのか？なぜ対象と意識は切り離せないのか？

②どのようにして人は「内的世界」に「外的現実」を的確に反映させるのか？

ここではまず②について考察していく。第一節で述べたように、人はそれぞれ固有の「内的世界」を持っている。人はそれぞれの「内的世界」を通して「外的現実」を把握している。我々が「現実」と感じているものも全て「内的世界」の中にある像のようなものである。「外的現実」の把握の仕方は人それぞれである。しかし、把握される「外的現実」が人によってあまりに異なる場合、我々は互いの意思を疎通させることすらできなくなる。そのために我々は自己の「内的世界」が「外的現実」を的確に捉えているかどうかを常に検証し続けなければならない。また「内的世界」と「外的現実」の一致が確認できれば、それを足場により深く「内的世界」を認識することもできるはずである。しかし、我々が「外的現実」と見なしているものも、実際には我々の心がそのように捉えたものに過ぎない。つまり「内的世界」も「外的現実」も共に個人の心の中の存在であり、それらの一致を検証することは不可能に見える。我々はどのようにして「内的世界」が「外的現実」を的確に反映していることを検証すればいいのか。

ほぼ同様の観点について、現象学の創始者であるエドモンド・フッサール（以降はフッサールと表記）は著書『現象学の理念』において次のように述べている。

「認識はそのあらゆる発展形態において心理的な体験である。つまり、認識する主観の認識である。認識に対立するのは認識される客観である。ところで、認識はどのようにして認識される客観との一致を確信するのか。認識はどのようにして自己を超えでて、その対象を的確にとらえるのか。ここに、認識対象が認識のうちにあたえられるという自然的思考にとっては自明のことがらが、謎となる。」（『現象学の理念』31～32頁）

ごく自然に生活している状態では、我々は目の前の「客観的現実」が確かに存在していることを確信している。自分の目の前にある家や道路や標識などが、他人にもそのように見えているかどうか不安で仕方がないという人は滅多にいないはずだ。フッサールはそのようなごく日常的な思考のあり方を「自然的思考」と呼んでいる。「自然的思考」にある時、人は「客観的現実も主観的体験に過ぎない」というフッサールの言葉を奇異に感じるに違いない。しかし、繰り返し述べてきたように、我々は我々の心を通してでしか「現実」を認識できない。にもかかわらず我々は現実存在に疑いを持つことなどほとんどない。問題の核心は、なぜ我々は目の前の事象が確かに存在していることを確信できるのかという点にある。何故我々は主観でしかないものを客観と思いこむことができるのか、我々の確信の根拠は一体どこから来るのかを見定めなければならない。「現実」が存在しているという確信の根拠が明らかになれば、それを出発点として、「内的世界」に「客観的現実」を的確に反映させる方法も明らかになるはずだ。我々が自己の「内面世界」を再確認する方法を獲得する糸口をつかめるはずだ。

現実存在に対する我々の確信の根拠を追究する前に、我々が日常的にどのようにして「自然的思考」による現実認識を行っているのかについて、現象学の捉え方を押さえておく。

フッサールは我々の認識の仕組みについて次のように述べている。

「「単純にそこにある」というのも、特殊で変化のある構造をもった一定の体験であり、そこには、知覚、空想、想起、述語作用、等々がはたらいている。そして、事象はそれらの意識作用のなかに、箱か容器におさめられるかのようにおさめられているのではなく、そのなかで構成されるのであって、構成される事象そのものは、そのなかに実在的に見いだされることはけっしてないのである。」（『現象学の理念』19頁）

我々が認識する「事象」は、意識の中に投げ込まれたように存在するのではない。例えば家を認識するとき、我々の意識の中に「家」が丸ごと一つ入り込んでいるというわけではない。「事象」は意識作用の中で、知覚、空想、想起等様々の要素の総合として構成されつつあるのであって、常に変化している。

これは現代のコンピューターグラフィックの立体映像の処理の仕方に似ている。画面の中で動き回る立体映像は、人間なら人間の映像が丸ごと一つ電算処理されて動いているのではなく、常にこちら側から見える部分だけが映像実体なのである。我々の視線から死角に入る部分の映像処理は実際には省略されている。にもかかわらず、我々は映像の中に確かに〝人間〟が動いている様を見る。裏側のない表側だけの皮一枚の映像を〝人間〟と思いこむ。全く同じことが、デジタル処理の音声情報にも言える。最近家電品などにおいてよく耳にする音声のデジタル処理は、現実の音の全てを記録するわけではない。例えば小さいシンバルの音などについては、大きなドラムの音と重なる部分については実際には記録を省略する。にもかかわらず我々は音楽の流れの中で確かにシンバルの音を聞いてしまうのである。我々は我々の心の中で、実際の自分の知覚では見たり聞いたりしていない要素を意識作用で補いながら、「現実」を認識している。

以上のような意識内の操作を、フッサールは現実の我々の認識にも見出している。フッサール著『イデーンI―I』に次のようにある。

「われわれは一つの例から出発してみよう。私は、絶えずこの机を見続けるとする。ただしその場合、私はその机のまわりを歩き廻ったり、空間における私の位置をどのようにであれ不断に変化させたりするとする。そのとき私は連続的に、この同一の机の生身のありありとした現存在についての意識を持つであろう。しかもその机はその間、それ自身において全く不変化のままにとどまる同一のものであり続けている。ところが机の知覚の方は、間断なく変化してゆく知覚であって、それは、変動する諸知覚の一連続である。」（『イデーンI―I』177頁）

我々は目の前の事物などに対して、それが一定のものであることを確信している。目の前の机は、我々が視点を変えても同一のものであり続けている。しかし、我々の知覚そのものは、視点の移動によって元と異なる映像を捉えているはずである。我々は、連続した知覚を総合して目の前の机を同一と「認識」しているに過ぎない。つまり我々は常に実際に知覚している以上のことを、感じ取っているのである。さらに先の引用のフッサールの言説にあるように、目の前の机を意識する時、我々は単に知覚的な情報にとどまらず、空想、想起、述語作用等様々な意識内情報を瞬時に総合して、「机」を意識内に構成している。これが我々が「自然」なあり方と感じている認識の実態であるとフッサールは述べている。ここまでの分析で明らかなように、我々の日常的な「自然」的態度によって把握された「現実」は、実際には意識内の様々な要素によって「加工」されたものなのである。その意味でフッサールの言う「自然的思考」は、実際には「自然」ではないのであって、一種の逆説的な表現と言っていい。

また右の見解から、第一節で提起された問題の①の意味も明らかである。我々は「見る（志向する）」という意識作用によってのみ、現実を認識できる。「見る」という意識作用による現実構成を経なければ、我々の目の前の光景は、我々の視点変化によって常に全く違った様相を見せ、意味も連続性もない光と音の錯綜体でしかない。すなわち混沌（カオス）である。我々の意識と我々が認識する「現実」とは不可分なのである。

さらに次のような問題点が再び浮き彫りにされる。我々が「現実」と感じているものは我々の意識作用のたまものである。我々が意識することによって初めて現実が構成される。しかし、この考え方をそのまま容認すれば、我々の数だけ「現実」が存在することになる。我々は一人一人異なる主体を持つからである。一人一人が極端に異なる「現実」を持つ社会は、コミュニケーション不能になり、社会として存続することができない。我々は何らかの方法で、目の前の現実を確かにそこに在るものとして互いに確信しあっているはずである。

意識によって後から付与された様々な不確定要素を取り払い、「現実」が存在することを確信するための揺るがしがたい認識の基盤に対して、フッサールは「原的な直観」と名付けている。

「真正の学問及びそれ固有の真に先入見のないということは、あらゆる証明の基盤として、直接的に妥当する諸判断そのものを要求するものであって、このような諸判断はおのれの妥当を、直接的に、原的に与える働きをする直観のうちから、引き出してくるのである。」（『イデーンI―I』104頁）

認識一般は当然のこととして、如何なる客観的学問についても、その正当性を証明するためには、誰も疑うことのできない根拠を示す必要がある。先に述べたように、我々の日常的な「自然的思考」、すなわち「単に感性的に、経験しつつ見る」ことには、実際の知覚に対して意識作用によって後から様々な要素が付与されている。それら一つ一つを剥ぎ取って、最後に残るこれ以上疑うことのできない「究極の正当性の源泉」が「原的な直観」だと言うのである。そしてこれ以上疑い得ない存在が意識内に存在することが、我々に「現実」が確かに存在していることを確信させている。

この点については、竹田青嗣氏は『現象学入門』において次のように述べている。

「問題の核心は、「（※引用者注・主観と客観の）一致」の確証はありえないのに、なぜ人間は客観の実在を疑えないものとして受けとっているのかということに答える点にある。このとき可能な答え方はただひとつだけだ。人間は自己のうちに、自己の「外側に」あるものを確信せざるをえない条件を持っている。この条件が「原的な直観」なるものだ。」（『現象学入門』73頁）

「主観」と「客観」が一致することを確かめる根拠が我々の心の内にあり、それが「原的な直観」なのだとフッサールは言っている。

「原的な直観」とは具体的にどのようなものなのかについて論を進める。

「直観」という言葉については、一般的には単に日常的な経験の中で対象をあれこれ考えずにそのまま見ることといった印象がある。例えば広辞苑には「説明や証明を経ないで、物事の真相を心でただちに感じ知ること。すぐさまの感じ。」と説明されている。しかし、我々が「説明や証明を経ないで」、単に目の前の光景を眺めている時でも、意識作用によって「現実」は加工されている。フッサールの言う「原的な直観」が単純な直接経験ではないことは明らかである。「原的な直観」は、日常的な経験のさらに奥にある。それが「主観」と「客観」を一致させる力を持つのなら、我々一人一人がそれを日常的に認識し続けることによって、現代の情報過多の状況の下でもそれを足場にすることで共通の「現実」を見つめることができ、よりよいコミュニケーションが可能になるはずだ。

この時「原的な直観」の一つである「本質直観」は、「言語」と関わりが深い。この「本質直観」に焦点を絞り込んで国語教育の観点の一つを探っていく。

2　現実と言語の不可分離性 ―本質直観―

フッサールの「原的な直観」には大きく二つの特性がある。それは「知覚直観」と「本質直観」である。これらの特性について、竹田青嗣氏は次のように解説している。

「そういうわけで、物の（知覚）と物の（意味）は、ふつう考えられているように実在するものと抽象的なものという分け方では捉えられないことがわかる。この二者は、いずれも意識の自由を超えたものとして意識に「疑えないもの」の確信を与える働きをするのである。」（『現象学入門』71頁）

右の引用の竹田青嗣氏の言葉からわかるように、「知覚直観」とは文字通り人間の知覚のことである。見たり聞いたりすることそのものと言っていい。ただし先に述べたように、ここでの「見聞き」とは日常的な意味のそれではなく、意識作用による構成物を全て取り去った「原的な」知覚を意味する。

ところで竹田青嗣氏の解説では「本質直観」には「物の（意味）」が対応している。しかし、一般的な観点では「物の（意味）」が何故「本質直観」としてこれ以上「疑えない」認識の正当性の土台となるのか理解困難であろう。「意味」は、人が恣意的に現実を解釈した結果に過ぎず、「意味」など無くても現実は存在している。「意味」など無くても人は「自分の心（内的世界）」を知ることができるはずだ。以上のような見解が一般的だろう。もちろんここで対象になるのは、一つ一つの言葉を解説する辞書の記述のような形での「意味」ではない。この「意味」の構造分析が本節の核となる。

フッサールが「意味（本質直観）」を、認識の基盤に据えた根拠を追究していく。フッサールは次のように述べている。

「赤の個別的直観を一度ないし数度おこない、純粋に内在的なものを固持し、現象学的還元にとりかかるものとする。わたしは、赤がふつうに意味するところのもの、超越的に統合されて、たとえば、わたしの机のうえの吸取紙の赤、等々としてあらわれるのをきりすて、こうして純粋に直観的に赤一般という観念の意味を、類としての赤を、たとえばあれこれの赤をはなれて直観される同一の一般者を、つくりあげる。個別性そのものはもはや思念されず、あれこれの赤ではなく、赤一般が思念される。じっさいに純粋に直観的にそうしたこころみをおこなった場合に、赤一般とはなにか、それはなにを意味するのか、その本質はなにか、といったことをなおも疑うのは筋のとおったことであろうか。われわれはたしかにそれを直観していて、赤という種類がそこにあり、そこで思念されているのだ。」(『現象学の理念』87～88頁)

フッサールは右の言説において「現象学的還元」(意識作用によって付与された余分な要素を全て取り去ること)を実演してみせている。目の前の赤い物を「直観」的に捉え、意識作用による構成物を全て取り去った後に残るのは「赤一般」という概念である。「赤い物」の個別的特徴は常に変化し、認識の基盤にはなり得ない。個別性を越えた「赤一般」という「種類」だけは、これ以上疑いようがない、とフッサールは解説している。

右の解説から「原的な直観」が、直接経験から離れた「単なる空想」にも内在していることがよくわかる。「赤一般」という概念は、直接それを目の前に見ていない状態でも、意識内に存在している。

しかし、以上のような説明でも、「赤一般」という概念すら人が恣意的に知覚に付け加えた物ではないかという反論は避けられない。実はこの点にこそ「現象学」の核心があるが、ここではひとまずフッサールの言説を追っていく。

個別性を越えた「赤一般」とは「赤」という言葉の「意味」に他ならない。「赤」の「意味」は個別の物体の特徴に左右されない。赤い絵の具も「赤」であり、人間の血も「赤」であり、焼けた鉄も「赤」である。フッサールによれば「赤」は様々な「現実」に内在する「本質」なのである。そして、我々が「現実」と捉えている物の「本質」は「赤」に限らない。色等の色覚はもちろんのこととして、味覚、聴覚、触覚など様々な「現実」が「本質」を持っている。このように考える時、「知覚直観」と「本質直観」とは分かち難い関連性を持っていることがわかる。さらに言えば、我々が「現実」と呼んでいる物は、様々な「本質」の複合体なのである。

そのような点についてフッサールは次のように述べている。

> 「或る種の仕方で、そして用語法において若干の慎重さをもってするならば、ひとは、こう言うこともできるのである。すなわち、全ての実在的統一は「意味の統一」であると。（中略）実在とか世界とかというものは、ここではほかでもない、或る種の妥当する意味統一を表わす名辞にほかならない。」（『イデーンI―I』238～239頁）

我々が「実在（現実）」と認識している物は、「意味」の統一体である。そして「意味の統一」は、意識作用によって後から付け加えられた様々な余剰物を取り去った後に残った「純粋意識（本質）」の繋がりによって生まれる。これ以上疑い得ない認識の妥当性の源泉である「本質」が連関しているが故に、我々は「現実」を確かにそこに在ると確信することができる。

以上の点について、竹原弘氏は著書『意味の現象学 フッサールからメルロ＝ポンティまで』において次のように述べている。

「ハイデッガーが、主著『存在と時間』において述べた、周知の「～として構造」をもち出すまでもなく、我々が日常的に経験する様々なものは、意味として我々に対して現れる。私の眼の前に有る、木目が有り、四角い物体は、私がその上で仕事をする道具としての机であり、聞こえてくる音は、車の音であったり、人の話し声であったり、あるいは音楽の音であったりする。私がそれらを知覚するのは、純粋なる物理的な物体や音響としてではなく、まず有意味的なものとしてである。我々の周囲は、意味で満ちている。私の居るこの世界は、有意味的である、といってよい。そうした、私達の周囲を取り巻く諸々の意味へと、私達は何らかのかたちで関わることによって、その都度の己れの有り方を築き上げている。」（『意味の現象学 フッサールからメルロ＝ポンティまで』5頁）

我々の身の回りの日常はすべて「意味」を持っている。竹原弘氏の言うように、我々がつかみ取っている「現実」とは「意味の統一体」なのである。我々はそれらの「意味」と自分とを関わらせることによって存在している。

しかし、以上のような考察を経てもなお、「現実」は「意味」とは無関係に存在するのであって、「意味」は人が恣意的に現実に当てはめた物に過ぎないのではないかという疑問は残る。しかし、先に述べたように、我々は

「現実」を自分の心を通してでしか認識することができない。「現実」の正当性・妥当性を判断する根拠が究極的には自分の主観の中にしか存在しないことを考慮すれば、人の実践的関心に基づく〝意味〟が「現実」の成立に際して欠かすことのできない働きを持つことは確実である。

そのような点について竹田青嗣氏は次のように説明している。

「このように、〈私〉のまわりに存在する一切の事物は、〈私〉の生の実践的関心に応じてだけさまざまな意味—価値の秩序の「地平」をそのつど形成しているのだ。（中略）海、陸地、山、河、草原地、砂地、森、林、樹木。これらの分類は、移住したり、魚や獣などの食べもの、水や温暖の地といったよい環境を求めて生きるという、人間の一般的な〝関心〟に沿って作り上げられてきたものだ。樹木と草花、生物と無機物、このような分類すら、人間の「実践的関心」にとって形成されたものである。ミシェル・フーコーが言うように、自然存在はもともとは切れ目のない連続体であって、人間の実践的関心がそこにさまざまな切れ目（分節線）を入れたのである。」（『現象学入門』147頁）

竹田青嗣氏は、自然存在すら我々の実践的関心に基づく「現実」として認識されていると述べている。我々が認識する以前の自然存在は、「切れ目のない連続体」すなわち混沌に他ならない。

この点に関しては内容的に記号論の領域に重なる部分が多い。「意味—価値の秩序」の詳細については次項において考察する。

竹田青嗣氏の言説にある「海、陸地、山、河、…」等の分類は、言語の機能に等しい。言語化されることによって、「現実」は我々の把握可能な存在となる。また、先のフッサールの言説にあった「赤一般」という「本質」が言語の「意味」に相当することからも、現象学において「現実」と「言語」が密接な関係を持っていることがうかがえる。

竹田青嗣氏は次のように記している。

「要するに現象学で言う「本質」とは、言葉（それによって形成されるなんらかの理念）の意味のことだと考えていい。」（『現象学入門』59頁）

また浜渦辰二氏は、言語と世界の関係に関して、次のようなフッサール自身の言葉を紹介している。

「こうして、私達が世界の内で出会う全ての事物は、それについての判断や恣意に先立って、何かとして経験されるという仕方においてすでに分節化され、意味によって掴まれ、それによって言語へと約束づけられている。世界は、すでに「言語的に解釈可能な世界」となっているのである。この意味においてフッサールはいう。「世界と言語とは不可分に絡み合っており、たとえ通常は潜在的に、地平であるにしても、常にすでにその不可分の関係統一の内にある」と。」（『フッサール間主観性の現象学』84～85頁）

我々が認識する「現実」は意識作用による様々な余剰物が付加する以前から―すなわち本質的に―「意味」によって分節化され「言語的に解釈可能な世界」となっている。「世界と言語は不可分」に絡み合って存在している。

しかし、ここまでの考察でもいくつかの問題点が残る。

一点は、「言語」と「意味」の関係についてである。「意味」が「現実」の成立に際して不可欠であることが確実でも、「意味」と「言語」の関係の必然性がここまでの論述の範囲ではまだ不明瞭である。この点については記号論の知見が教示的である。「言語」と「意味」の関係については、記号論を対象とする次項の考察において詳細に分析する。

もう一点は、「言語」に対してフッサールがあまりに過大な役割を負わせているのではないかという疑問である。言語の「意味」が認識の基盤としてこれ以上疑い得ない存在であるとフッサールは言っている。ここまでの論の範囲では、一個人が勝手に新しい「言葉」を使い始めると、瞬時に「現実」が変化してしまうのかという反論が容易に成り立つ。これでは、我々は一定の言語体系に縛られていることになり、言語の誤用が現実存在をも混乱させるというのでおびえながら暮らさなければならない。もちろんフッサールは言語にそのような絶対者のごとき性格を持たせているわけではない。この問題を解く鍵が現象学の基幹概念たる「間主観性（相互主観性）」にある。「間主観性（相互主観性）」は、梶田叡一氏の言説においても、「内的世界」に「外的現実」を的確に反映させるときの足場として提示されていた。

次に、言語の「意味（本質）」が、「現実」成立の基盤となるための核ともいうべき「間主観性（相互主観性）」を追究していく。

3　「認識」の指標 ―相互主観性―

「現実認識」の基盤である「相互主観性」については、次のフッサールの言説がわかりやすい。

「われわれの連続的に流れる世界知覚においては、われわれは孤立しているのではなく、世界知覚において同時にほかの人間と連係している、ということに注意を向けよう。すべての人は、それぞれ自分の知覚、自分の現前化、自分の調和性をもつが、また自分の確信がその価値を失って、単なる可能性とか、疑わしさとか、問いとか、仮象とかへと変わってゆくということがある。しかし他人とともに生きるばあいにおいては、だれでも他人の生にあずかることができる。こうして一般に世界は、個別化された人間にとってのみ存在するのではなく、人間共同体にとって存在するのであり、しかも端的に知覚的なものを共同化することによって存在するのである。」（『世界の名著51 ブレンターノ フッサール』537頁）

個人の知覚が、個人だけの物であれば、人は自分の意識の中で世界や自己のあり方に関する確信が揺らいだときに、自分を支えるための基盤をどこにも見出すことができない。人は自分の意識内部で右往左往するだけだろう。しかし、自分の「原的な」知覚が他者と共通していることがわかっていれば、それを足場にしていつでも自分の心の安定を取り戻すことができる。「原的な直観」が、なぜ「究極の正当性の源泉」なのかという疑問の答がここにある。「原的な直観」とは他者とそれを共有している限りにおいて、それ以上疑い得ない存在となるのである。したがって「原的な直観」の連関によって成立する「客観的現実」は、人間の共通意識を基に創り出されていることになる。我々は他者との共同作業によって、「現実」存在や、自己のあり方に対する確信を得ている。

同様の点について、竹原弘氏は次のように説明してる。

「人間存在の有り方は、その基本的な枠組みにおいては、自他共通である。したがって、そうした人間存在の有り方に対して現れる意味は、自他共通、つまり相互主観的である。車の音は、私にとっても他者にとっても車の音であり、眼前に有る書物は、私にとっても私以外の人間にとっても、書物である。意味とは、その本質において相互主観的なものである。したがって、私がある意味へと関わることによって確立する私の有り方と、他者が同じ意味へと関わって確立する有り方は同一である。」（『意味の現象学 フッサールからメルロ＝ポンティまで』5〜6頁）

注意すべきは、右の竹原弘氏の言説にもあるように、「相互主観性」とはあくまでも「基本的な枠組み」だという点である。「基本的な枠組み」とは、フッサールの言う「本質」に他ならない。

「私がある意味へと関わることによって確立する私の有り方と、他者が同じ意味へと関わって確立する有り方は同一である」等といった竹原弘氏の言説からは、「私」と「他者」とは、まるで機械のように同一の生き方をしているのかといった疑問も生まれてきそうである。しかし、これまで述べてきたように、「現実」の成立に際しては個人の意識作用によって、「本質（意味）」に対して空想、想起等様々な要素が付加され、人それぞれの異なる「現実」を創り出している。決してここでの「私」と「他者」とは「意味」によって機械的画一性を強いられているわけではない。これは日常的、自然的認識の奥底にある「基本的な枠組み」の話なのである。

しかし、「基本的な枠組み」の話であるとはいえ、我々の存在が「意味」によって規定されているという考え方は、現代人にとっては承服しがたい所であろう。「意味」によって縛られた世界において、人間の「自由」は存在しないかのようである。

この点については、次のフッサールの言説に示すところが多い。

「したがって、世界が常に、存在する客体の普遍的な地平として、すなわち客体の統一的宇宙として意識されているように、それぞれのわたしという人間とわれわれ相互は、世界の中に相互に生きているものとして、まさにこの世界に属している。そしてこの世界はまさに、この「相互に生きている」ことにおいてわれわれの世界であり、われわれに意識的に存在するものとして妥当する世界なのである。めざめた世界意識に生きているものとしてのわれわれが能動的なのは、たえず受動的な世界所有にもとづいているのであり、われわれはそこから、意識の領域にあらかじめ与えられている客体に触発されているのである。われわれはわれわれの関心に従って、あれこれの客体とさまざまのしかたで能動的にかかわり合いながら、それらに向かっている。」（『世界の名著51 ブレンターノ フッサール』474頁）

我々は足掛かりも手掛かりもない世界において、自由に行動することはできない。完全な意味での「自由」とは、いわば意識が虚空を漂っている状態に等しい。そのような状態において我々は他者に向かって働きかけることができないだけでなく、自分の存在位置すら認識できない。我々の「能動性」は必ずある基準、すなわち「受動的な世界」を前提としている。我々は個人の力によって言語を創り出したわけではない。個人の存在以前に、言語は存在しており、我々は自分の意思に関わらず特定の言語が創り出す「意味」の統一体としての現実世界に生まれてくるのである。そして、ある意味で無理に押しつけられた「意味」を足場にして初めて、「能動的」に現実世界に関わっていくことが可能になる。これは縛られることによって逆に自由を手に入れるといった、一種逆説的な考え方である。

右のような分析でもまだ次のような問題点が残る。人は結局、特定の言語によって与えられた「現実」の中でしか生きられないということになりはしないか。「意味」を足場にした能動性の獲得といっても、結局人を「意味」に縛り付け、「意味」の規定する範囲でしか人間の存在を認めない人間性疎外の思想ではないかという疑問である。

しかし、フッサールは次のように述べている。

「この共同化においては、たえず相互の訂正による妥当変移ということが起こる。（中略）さらにまた、相互主観的な不調和が現われることも決してまれではないが、そのようなばあいにも、相互の談合と批判によって、一致が成立する。少なくともそれをめざすことが、すべての人にとって可能であると、あらかじめ確信されている。」（『世界の名著51 ブレンターノ フッサール』537頁）

「認識」の基盤である「相互主観性」は、他者と共通しているという点においてのみ、「正当性の源泉」となる。そしてそれは変革可能なのである。この変革可能という点すら「相互主観性」の一部である。これまでも述べてきたように、「相互主観性」はあくまでも個人の意識に内在する要素である。したがって、常に「相互主観性」は個人ごとに変異し、ずれていく可能性を持っている。我々はそれぞれ異なる条件の下に生活して異なる経験をしているからである。ずれていく「相互主観性」を我々はコミュニケーションによって修正しながら生きている。逆に言えば、「相互主観性」が個人相互の認識の基盤たり得るためには、常に自らを変化させ、人それぞれでずれていく「現実」に対応しなければならない。したがって、「相互主観性」によって成立する言葉の「意味」も、常に変化している。そのような点についてフッサールは次のように述べている。

「世界の固有の存在は、意味形成と意味形成とが共同に機能しつつ、総合において新しい意味を「構成しつつある」ということにほかならない。」（『世界の名著51 ブレンターノ フッサール』542頁）

ここで、「相互主観性」に裏打ちされたこれ以上疑えない物としての「原的な直観」も、コミュニケーションの結果変化することになり、一見論理上の矛盾が生じる。しかし、「原的な直観」は次のような点において「認識の正当性の源泉」なのである。我々の認識を支えている「原的な直観」は、ある意識作用が行われる瞬間においてーすなわち共時態においてー「これ以上疑えないもの」なのであって、次の瞬間にはその内容が変化する可能性を持つ。そのように考えた時、そのように容易に変化してしまう物が、認識の基盤たり得るのかといった疑問も生まれる。しかし、極端な社会変革などの例外を除いて、ごく日常的には言語の「意味」がある瞬間から次の瞬間までに大きく変化することなど考えられない。また、一個人が恣意的に新しい「言葉」を使い始めても、それが他者によって認められ「相互主観性」を持って初めて「現実」を変革する力を持つのであって、言葉の誤用程度で「現実」が不安定になることなどない。

我々は既成の言語の「意味」を基盤として、他者や社会に関わり、逆に関わり合いを通じて自分の認識の基盤である「意味」を他者と修正し合いながら生きている。自らのよって立つべき土台そのものを築きながら生きている。つまり今この瞬間も新しい「意味」、新しい「現実」が構成されつつあるのである。

以上の分析からわかるように、我々が「客観的現実」と呼んでいる物は、「相互主観性」によって規定されている。そして、我々の関係の変化に伴って、「客観的現実」も変化していく。

この項においては、ここまで可能な限り「現象学」の根幹を浮き彫りにしながら、特に「言語」を中心として考察を進めてきた。我々が「現実」を認識するとき、それが確かに存在するという確信を「原的な直観」から得ている。そして「原的な直観」には、身体的機能に属する「知覚直観」と、言葉の「意味」によって規定される「本質直観」とがあり、お互いに密接な関係を持っている。そして個人の認識の基盤である「本質直観」は、個人相互の共通認識である「相互主観性」によって支えられている。以上が、言語を中心とした「現象学」の概要である。

教育の問題について考察する際に考慮しなければならないのは、「現象学」が〝存在〟を究極まで追究した学問だという点である。これを我々の日常的な観点に置き換える時には、現象学の理屈のみに判断を左右されないよう配慮する必要がある。また、フッサールは我々の日常的な「自然的思考」を、様々な余剰物が付加された後の妥当性を証明できないものとして批判的に捉えている。しかし、「自然的思考」が我々のごく当たり前の日常のものであることもまた確かである。フッサールの立場と、一般的教育の立場の差異を意識しながら考察する必要がある。しかし、慎重な扱いが必要とはいえ、日常が確実性を失った現代社会において、究極の妥当性を追究するフッサールの提言にはやはり見るべきものがある。少なくとも、言語の「意味」が我々の「現実」認識に深く関与していることは確実である。国語教育のあり方を考える上で有効な観点になる。

以上のような点を前提として、教育に対する「現象学」の有効性を考察していく。

梶田叡一氏の言説にあった「外的現実を内的世界に的確に反映させる」とは、現象学においては「相互主観性」に対する個人相互のコミュニケーションによる修正作業に相当する。カウンセリングにもそのような要素がある。カウンセラーとクライエントがお互いの「内的世界」を検証し合うことによって、「相互主観性」を修正し、

「現実」に対してより強固な確信を得るのである。

しかし、カウンセリングレベルでの関わり合いにそういった効果はあっても、日常的なコミュニケーションに簡単にはカウンセリングほどの効果を期待できない。現代社会の持つ変化の速さと多様性が、日常のコミュニケーションをも複雑で不確実にさせている。我々が「自然」と感じている状態でも、「現実」は変化し続け、我々の意識の安定を妨げる。

特定の権威による価値観でがんじがらめに個人の「現実」を限定するような社会であれば、我々はむしろそれを足場にして、より確実なコミュニケーションが可能になる。そのような社会においては「意味」も固定され、「相互主観性」を検証する必要さえない。その代償として個人は自由を失い、人間性をも疎外される。

認識の基盤である「相互主観性」を現代の不断に流動する「現実」に対応させるためには、より積極的なコミュニケーションが不可欠である。しかし、コミュニケーション自体が不確実な現代においては、コミュニケーションを成立させるために何らかの方策が必要になってくる。現代社会の「自由」としての長所を生かしたまま、より積極的に生きていくためには、個人が自身の認識を常に検証し続けるような態度を持つしかない。ごく自然なコミュニケーションにおいて無意識のうちに行っている「相互主観性」の修正を、より積極的、意識的に行っていくのである。

我々の目の前の現実は激しく変化し続けている。特に生まれた時からそのような社会に生きてきた生徒達にとって、現実を安定したものと捉えるのは困難な作業であろう。しかし我々は「現実」の一貫性に混乱が生じた時、その妥当性を確かめる根拠を自分の内に持っている。それが「相互主観性」としての言葉の「意味」である。それはコミュニケーションによって常に修正されなければならない存在だが、その一方でコミュニケーションや

「内的世界」を支えている。「認識」の基盤たる言葉の「意味」が硬直化し、「客観的現実」に対応できなくなった時には、それを積極的に変革していかなければならない。「相互主観性」としての「意味」を意識化し、「外的現実がより的確に反映するように」常に修正していく必要がある。その努力によって「意味」はまた、より円滑なコミュニケーションの足場となり、現実に対する積極性を支える力を取り戻す。

ここまでの考察ではまだ個人の内面の「相互主観性」を検証するための具体的な方法は明らかになっていない。生徒に対して現象学等の理屈を押しつけても意味がない。他者との積極的なコミュニケーションを指導することがその最も効果的な方法なのだが、現代においてはコミュニケーション自体が困難な状況であり、新たな観点が必要とされる。本書においては、国語教育の対象範囲で国語教育にしかできない「現実」の読み解き方を探っていく。それは国語教育の直接対象である「言語」の特質を捉えた教育方法である。さらに文学の持つシステムに「現実認識」の教育方法構築の可能性を見るが、この点については次節の考察対象となる。

この項においては、「現実認識」において、言語の「意味」が「現実」と不可分であることを見てきた。次項では記号論の知見を借りて、「言語」と「意味・価値」の関係について考察し、我々の「内的世界」の構造の一面を明らかにしていく。

二　言語による意味・価値の創造―ソシュールの記号論―

1　一般的言語観と記号論の相違

前項までの考察範囲では、具体的な国語教育のあり方はまだ明らかではない。検証可能で、発展性のある枠組みを構築するために、「言語」自体の構造を浮き彫りにする必要がある。考察の対象とすべき言語観が明確でないと、具体的な教育方法を考察する際に、無制限に恣意的解釈を許容する可能性がある。例えば、言葉の「意味」が認識の基本であるなら、言葉の「意味」をもっと数多く覚えるべきだというような解釈もあり得る。これでは管理教育的方法に逆戻りである。また、「相互主観性」が他者とのコミュニケーションによって得られるのなら、もっと積極的にコミュニケーションさせるべきだという解釈も考えられる。しかし、前項でも述べたように現代のディスコミュニケーションの現状に対処するための具体的方法を模索しているのであって、単なるコミュニケーション強化論では出発点に戻ってしまう。これは、食欲がない人に対して、「もっとどんどん食べるべきだ。」と指導するに等しい。現象学などの論理の一面を捉えるだけでは、教育の現状に対応できる具体案の創造は望めない。「現実認識」につながる様々な基本理念を総合的に関連づける観点から、具体的方法論の足場が構築されなければならない。本項はその最終段階である。

本書においてはここまで、カウンセリングの「受容」を参考に、「内的世界」が「現象学的世界」であることに着目して現象学の基本思想を分析し、「認識」の根底に深く「言語」が関与していることを確認した。

本項においては、「現実認識」の理論基盤構築の最終段階として記号論に着目し、その言語観を国語教育との関連性を意識しながら分析していく。

前項の現象学の分析において明らかになったことの一つに次のような点がある。

言語の「意味」が、認識の〝支え〟というプラス面と、認識の〝拘束〟というマイナス面の二面性を持つということである。先に明らかにしたように、我々は認識の本質たる「意味」を媒介として初めて「現実」に関わっていくことが可能になる。人の意識そのものが、自己を取り巻く「現実」との「意味」のつながりの束によって成立している。言語の「意味」という「受動的な世界」を足場にしなければ、人は能動的に活動することはできない。しかし、その一方で言語によって受身的に与えられた「意味」が柔軟性を失って固定観念となり、「外的現実」を的確に反映しなくなった時、我々は無意識の内に「意味」に主体性を制限されることになる。「意味」は「認識」に対して極めて根元的な作用を持つため、我々は自由を失っていることにすら気づかない。

そのような点について、池上嘉彦氏は著書『記号論への招待』において次のように述べている。

「ひとたび身につけた意味づけの体系―それが慣習として確立すると、それは逆にそれを身につけた人を捕えて放さない「牢獄」にもなる。それを捉えた人間を、今度はそれがとりこにするのである。捕えられた人間は、その意味づけの体系の決まりに従って、ものを捉え、行動する。人間は機械のように動き、すべてが「自動化」する。」(『記号論への招待』9頁)

他者との関わり合い、諸価値とのつながり全てに、言語の「意味」が関与している。しかし、一旦身につけた「意味」の体系が「慣習として確立」した時、それまで自分の存在を支えていた「意味」が、固定観念や自動化を作り出す。

教育について考える時、言語の扱いの難しさは、右のような〝支え〟と〝拘束〟の二面性にある。言語が認識の〝支え〟だからといって、言語の「意味」を単に強化するような指導では、生徒の固定観念と自動化を助長してしまう。逆に、固定観念を壊すために言語の「意味」を揺さぶるだけでは、認識の基盤を不安定にしてしまいかねない。

本来、話し手と聞き手の間に話題（情報）が豊富であればあるほど、コミュニケーションも豊かになるはずである。共通の話題がなければ、話の糸口さえつかめない。ところが現代の「情報過多」の状況は、個人のコミュニケーション能力の限界を超え、むしろコミュニケーションの成立を阻害している。不安定な状態におかれた個人は、安定を求めて画一的な価値観に依存しかねない。

こういった現状に対応するためには、まず言語自体の構造を明らかにする必要がある。言語の「意味」の構造を追究することは、言語を使って生活している我々の「内的世界」を追究することに等しい。

本項においては、言語の「意味」の持つ〝「支え」と「拘束」〟という矛盾した二つの面に対し、前者を擁護し、後者を排斥するために、記号論を対象として、言語の「意味」の構造―我々の「内的世界」の構造―を詳細に分析していく。

記号論は、今世紀初頭のフェルディナン・ド・ソシュール（以降はソシュールと表記）の言語学を起源として、現代において様々な思想的展開を見せている。丸山圭三郎氏に師事した立川健二氏は次のように述べている。

「われわれ人間は、つねに、あらゆるもの・ことにたいして意味をさがし求めている。この言葉にも、この作品にも、この行為にも、この事件にも、またこの人生にも、この世界にも―。われわれは、どんな物事にもかかならず「意味がある」はずだという確信のもとに生きている。だから、生きるということ、あるいは人間であるということは、意味を追い求めることと同義だといってもよいくらいだ。

（意味）というのは、二十世紀の思想の地平を決定づけてきた最大のコンセプトだといっても過言ではない。それは、とりわけフッサールとソシュールの名に結びつけられる。」（『現代言語論 ソシュール フロイト ウィトゲンシュタイン』52頁）

立川健二氏は、現代思想における「意味」の重要性を説き、核となる思想家として、フッサールとソシュールの名を挙げている。現象学と記号論は、相補的な論理として現代言語論を読み解く上では欠かせない思想となっている。そのキー・コンセプトが言語の「意味」なのである。

本項においては、記号論の創始者であるソシュールの言語観に着目する。現代思想において記号論は現象学などと密接に連携しているが、ここではあくまでも記号論自体の基本理念の明確化をねらう。したがって考察中、現象学との接点を意識しながらも、可能な限りソシュール自身の言説の範囲内で考察を行う。その上で、国語教育と関連付ける観点から考察を試みる。

ソシュールは自己の言語観が、それまでの言語観と大きく異なることを意識していた。ソシュールは『一般言語学講義』において、それまでの言語観について次のように述べている。

「ある人々にとっては、言語は、つきつめてみれば、一つの用語集に他ならない。いいかえれば、もののかずに相当する名称の表である。」（『一般言語学講義』97頁）

池上嘉彦氏はソシュール以前の言語観について次のように述べている。

「つまり、重要であるのは表現・伝達されるべき思想や感情であり、一方、言語はその表現・伝達の「手段」としてわれわれに役立つが、そのような役割を別にしてみれば、それ自体では特に価値のあるものではないということである。

言語というものをすでに確定ずみの観念を表わす「符号」のようなものとしか捉えない立場では、それが典型的に現れる。概念そのものは抽象的で影も形もないものであるから、それを他に伝達するためには、何か具体的な知覚可能な代用物で置きかえなくてはならない。そのように止むをえず使わざるを得ない代用物—できれば、なしですませたいようなもの—それが言語だというわけである。」(『記号論への招待』12〜13頁)

ソシュール以前は、言語とは単なる表現・伝達手段であり、それ自体は無価値なものとされていた。「現実」を伝達するものとして不完全な「言語」という道具を、人は仕方なく使っているという考え方である。それに対してソシュールは、「現実」を主とし「言語」を従とする既成の言語観を逆転させた。言語は、「現実」の成立に深く関与しているというのである。

ソシュールは次のように述べている。

「心理的にいうと、われわれの思想は、語によるその表現を無視するときは、無定形の不分明なかたまりにすぎない。記号の助けがなくては、われわれは二つの観念を明瞭に、いつもおなじに区別できそうもないことは、哲学者も言語学者もつねに一致して認めてきた。思想は、それだけ取ってみると、星雲のようなものであって、そのなかでは必然的に区切られているものは一つもない。予定観念などというものはなく、言語が現われないうちは、なに一つ分明なものはない。」（『一般言語学講義』155頁）

右の点について、伊藤直哉氏は『現代文学理論 テクスト・読み・世界』において次のように解説している。

「われわれの生きている世界、ここでは、言葉を知る以前から観念や事物が区分され、分類されているわけではない。つまり、概念や事物がまず先に存在し、それに対応する形で言葉が生まれるのではなく、逆に、言葉が存在してから初めて、概念や事物が誕生する。なぜならば、言葉が、境界のない連続的現実世界を切り取ることにより、概念の輪郭や種の形が作り上げられるからである。ソシュールの主張を一言でいえば、「初めに言葉ありき」ということになろう。」（『現代文学理論 テクスト・読み・世界』20頁）

「思想」、すなわち一定概念は言語の存在以前は切れ目のない連続体である。言葉がそういった認識以前の混沌に対して切れ目を入れ秩序立てることによって、「現実」が成立する。それ以前は「なに一つ分明なものはない」とソシュールは説いている。

右のような考え方は常識的な観点からは、理解困難であろう。前項の現象学の分析と全く同じ問題点が浮かび上がる。すなわち、言語が無ければ「現実」は存在しないのかという点である。またソシュールが言語に「現実」を創造する絶対者のような性格を与えているといった印象すら与えかねない。むしろソシュールは、記号論によって言語を事物に固定された状態から解き放ち、人が主体的に「現実」を認識していく可能性を開いたのである。

右の点を論理的に明らかにするためには、ソシュールの説く言語観の諸条件を正確に捉える必要がある。次に、ソシュールの記号論の基本構造を分析していく。

2　コミュニケーションを支えるコード―ラング―

言語以前の切れ目のない連続体を区切り、概念や事物を生み出すものとして、ソシュールはラングという概念を提示している。そしてラングを言語学の対象とすべきことを説いている。本項の考察の主目的は、個人の「内的世界」成立に関する言語の働きを浮き彫りにするところにある。必然的にここでの主な分析対象は、ラングとなる。丸山圭三郎氏は次のように説明している。

「初期のソシュールはまず人間の持つ普遍的な言語能力・シンボル化活動を（ランガージュ）と呼び、これをその社会的側面である（ラング）（＝社会制度としての言語）と個人的側面である（パロール）（＝現実に行われる発話行為）とに分けた。」（『言葉と無意識』63頁）

まずランガージュとは、人の潜在的言語能力や言語活動等の総称であり、言語に関わる事柄一般である。ランガージュには、ラングとパロールの二つの面がある。ラングとは「社会が採用した必要な取り決め」であり、言語の「意味」に相当する。パロールとは、現実に行われる発話行為である。

具体的な言語伝達において、ラングとパロールは次のように連携している。まず話し手は言語の「意味」の社会的な取り決めであるラングによって言説を組み立て、それをパロール（発話）によって音声化し、聞き手に伝える。音声を受け取った聞き手は、ラングを使って音声の「意味」を解読し、話し手の意図を認識する。言語行為とは暗号のやりとりのようなものである。パロールの概念は暗号文のやりとりに相当し、ラングの概念は解読のためのコードに相当する。

現実の言語活動においては、ラングとパロールはどちらが主ということはない。概念伝達を成立させるためには両者の協力が不可欠である。

ラングについて考察する上で欠かせない条件の一つが、「共時態」という概念である。

ソシュールは言語学を、「通時態」研究と、「共時態」研究とに分けることを提案した。「通時態」研究は、特定言語が時間の経過によってどのように変化したかを研究対象とする。言語に関する歴史的研究と言える。「共時態」研究とは、ある瞬間における言語群が、相互にどのような関係にあるのか—どのような「意味」のシステム（構造）を持つのか—をテーマとする。したがって「共時態」においては言語の変化は研究対象でなく、言語の静態を条件としている。（「意味」のシステムとはラングに他ならないが、言語相互の関係が「意味」を生む点については、説明を要する。ここではまず「共時態」を分析する。）ソシュールは「共時態」研究を言語学の直接対象とした。

言語は実際には不断に変化し続けている。前項で考察したように、言語は認識の基盤である相互主観性を保つために、コミュニケーションなどによって少しずつ変化し続けている。そのような意味で「共時態」とは言語に関して架空の状態を設定して、研究しようとしているとも言える。

しかし、本研究において、様々な言語研究の中からソシュールの記号論を採用する理由の一つがこの「共時態」による言語観にある。ある瞬間の言語相互の関係を対象とする「共時態」は、「語る主体の意識」にその成立条件を設定している。コミュニケーションを行う瞬間に「話者」の心の中にある言語のシステムを対象としているのである。

前項の確認事項である相互主観性は、我々の認識の基盤として不可欠な存在だった。相互主観性、すなわち他者との協力によって我々は「現実」が確かに存在することを確信している。相互主観性はある瞬間において―共時態において―「これ以上疑いようのないもの」であった。

右の点について、現象学と記号論は一致している。ソシュールの言語のシステム―ラング―はコミュニケーションが成立する瞬間において、変化のない静態なのである。我々はある言葉を発話する時、自分が持っている言葉の「意味」を静止したものとして認識しているはずである。発話する瞬間にも言語の「意味」が変化しつつあるのであれば、我々は意味を伝えることも、意味を受け取ることもできないはずだ。ソシュールが対象とした言語の「共時態」とは、「語る主体」及び「聴く主体」の意識内に存在する言語のシステムを対象としているのである。

我々はともすれば自分の持っている言語の「意味」が変化しつつあるのに気づきもしない。人は生きる過程において、常に自分が使っている言語の「意味」に無意識的に確信を抱いている。それは言語の「意味」が、相互主観性として、「現実認識」の基盤となることの一面でもある。「意味」は常に現実を的確に反映するものとして変化し続けながらも、その都度人の現実存在に対する確信を支える「原的直観」としての役目を負う。そのことは個人が持っている言語観が本質的に静態的な「共時意識」であることを示している。自分の言葉の意味が次の瞬間に違ったものになるということは、認識する現実存在が次の瞬間に変化してしまうことでもある。コミュニケーションの度に現実が変化するのであれば、人は常に不安なはずだ。人は主観的には、自分の持っている言語の「意味」が静態的であると信じ込んでいる。むしろそれによって心の安定を得ている。「意味」の変化は個人にとっては「意味」の深まりとして意識されていると推察される。

しかし、繰り返し述べてきたように現代社会は急激な変化と多様性とを特徴とする。現代人には、「意味」の相互主観性を獲得する余裕がない。現代において「意味」は常に不安定で、社会と個人の間で揺れつづけている。「意味」が不安定であることは、個人の「内的世界」が不安定であることに他ならない。そのような状態に対してカウンセリングは、個人の持っている言語の「意味」を安定させる効果があるのだろう。前項でも述べたように、人は自分の認識の足場を作りながら生きていく。カウンセラーはクライエントの「足場作り」の手助けをする。

本書において言語の「共時態」を対象とするのは、生徒の認識の足場作りの可能性を言語教育に見ているからである。「共時態」という言葉は、その表面的な意味が固定された言語観を想像させるため、国語教育においてもこれまで誤解されてきた向きがある。すなわちラングを対象とした教育とは、一定の価値観を教え込むような教育を指していたようである。しかし「共時態」の概念は、個人が変化しつつある言語の「意味」をその都度自らの意識に問いかけることによって確認するといった可能性を持つ。人は意味の「生成過程」を意識することはできない。人が意識できるのは、その都度静態的な「意味」のシステムのみである。したがって、真に現代社会の変化や多様性に対応するためには、自分の「内的世界」を構成する「意味」のシステムの静態を自分自身にとって確実なものとして意識する態度を常に持ち続けることが有効である。確認する度に「意味」のシステムが変化していてもかまわない。不断に確認しようとする態度が、現代文化の「意味」の変化と多様性に対応し、「外的現実」を的確に反映した「内的世界」を再認識・再構成していくことにつながる。

「意味」のシステムを、日頃我々は意識することはない。人はコミュニケーションなどにおいて、無意識の内に「意味」のシステムたるラングを参照しながら、自分の言説を組み立てている。無意識的なものであるために、人は「意味」が変化していることに気づかない。また逆に自らの意識内で固定観念となっていることにも気づかない。本書においてはそういった本来無意識領域にある言語の「意味」構造の意識化をめざす。それによって生徒に対して「意味」を基盤として構成される「内的世界」の認識を促す。

論の展開上、次にラングの具体的な構造を分析すべき所である。しかし、次節との関係からラングとパロールの相補性についての考察を先に行う。これはラング（言葉の「意味」）がどのように変化していくかについての考察でもある。

先に実際の言語活動において、ラングとパロールが連携し合ってコミュニケーションが成立することを確認した。しかしラングとパロールの関係はそれだけではない。

丸山圭三郎氏はソシュールの第一講義の原資料を分析して次のように記している。

「個人の言葉が人から理解されるためには社会の約束事がなければならないが、その約束事が成立するためには、まず個々の具体的発話がなくてはならない。また個人がラングを獲得でき習得できるのはあくまでも社会生活を通してであり、しかも個人ひとりではそれを変えることができず、むしろあるがままのラングを押しつけられるのも事実であれば、歴史的には常にパロールが先行したのも事実である。この作りつつ作られ、作られつつ作るという相互規定が、ちょうど社会とその中に住む個人のような関係にも似て、ラングとパロールの間に見られることの指摘は、第一回講義の後半、「類推による創造」においてなされた。」(『ソシュールの思想』84頁)

具体的な発話行為(パロール)が成立するためには音声解読するためのコード(ラング=言葉の「意味」)が必要である。またコード自体は天地自然に生まれたものではなく、個々の具体的発話(パロール)によって創り出される。しかし、具体的な発話が個別にコードを創り出すのではなく、数多くの発話行為の総体として社会全体に認められなければ、相互主観性を持つことはできない。

つまり発話行為(パロール)におけるコードとしてのラングは、社会的なものであると同時に個別的なものでもあるという弁証法的な性格を持っている。社会から押しつけられた既成のものでありながらも、個人が他者との関わりの中でそれを変革していく可能性を持つのである。

パロール(発話行為)において、ラングがどのように変化していくかを考えるためには、既出のコードの概念に加えて、コンテクストの概念が欠かせない。コンテクストとは文脈のことであり、発話行為が行われる場の状況を意味する。

コードとコンテクストの関係については池上嘉彦氏の言説がわかりやすい。

「「コード」を超えようとする「使用者」と、「使用者」を拘束しようとする「コード」―このたがいに対立する両者の間の緊張した関係が破綻に至らぬようとりもっているのが「コンテクスト」である。もしメッセージが「コード」に完全に従って作成されているのならば、受信者は同じ「コード」を参照しつつ解読すればよい。そこには受信者が「人間」としての主体性を発揮することは特にない。しかし、もしもメッセージが「コード」から逸脱しているようなものであったら、事情は変わってくる。受信者は、まずそのメッセージを解読に値するものとして取り組むか、値しないものとして無視するかを主体的に選択することができる。その際の受信者の選択を決定するもっとも大きい要因は、そのメッセージの使用にまつわる「コンテクスト」である。

（中略）このように考えてくれば、受信者の参照すべきものとして「コード」と「コンテクスト」とは、いわば相補的な関係にあると言うことができる。極端な場合を考えるならば、一方でメッセージが全面的に「コード」に依存して成り立っているならば、「コンテクスト」の参照は不要である。他方、逆にメッセージが全面的に「コード」から逸脱しているならば、「コンテクスト」を参照するより他はない。この二つの場合を両極として、その中間にいろいろな段階がありうるわけである。」（『記号論への招待』47頁）

コード（言葉の「意味」システム）とコンテクスト（状況、文脈）の関係は相補的である。具体的な発話行為において人はコードのみに頼って音声を解読するわけではない。発話行為が行われる状況―コンテクスト―を参照して相手のメッセージを主体的に解読していく。コードとコンテクストはどちらが主というのではなく、両者共にコミュニケーション成立に欠かせない。

本書においてはここまで、「意味生成」の過程において主体が認識できるのは静態的な「意味」のシステムでしかないことを見てきた。そのような意味システムとしてのラングの変化の具体像を把握する上でも、コードとコンテクストの関係は有効な観点となる。

コードの変化について池上嘉彦氏は次のように分析している。

「これまで、記号体系としての「言語」においてコードの拘束力が「緩やか」であるということについて何度か触れ、それ故にコードを超えたり、時にはそれに反したりすることが起こるというような言い方をしてきた。しかし、実際には「コードが緩やか」なのではなくて、人間が絶えず「コードを緩めている」と考えた方が正確なのであろう。前もって決められた一定の出来事に対してのみ反応するというのでなく、既成の枠で捉えられない新しい出来事に際してもその意味を読みとり、新しいコードとして自らの世界に取り入れようという試みがなされる限り、コードは常に「緩やか」なものでしかありえないわけである。コンテクストというものは、実はそのような新しい出来事の起こっている場として、その出来事に新しい意味づけを与え、新しいコード化へと導く手がかりとして参照せずにはいられないものなのである。」(『記号論への招待』175～176頁)

先に述べたように、コードの変化は、コミュニケーション自体によっても社会的レベルで徐々に進行していく。相手のメッセージの内容が自分の持っているコードの変化を促す。しかし特に個人の意識内を対象とした時、個々の具体的なコミュニケーションにおいても、その都度コンテクストを参照することによって、その場だけの新しいコードが創出される。例えば初対面の相手であれば、相手の雰囲気やその場の状況などを参照することによって、瞬間的に自分の持っているコードに変更を加える。臨機応変の「暗号解読コード」によって、コミュニケーションを成立させているのである。これによって人は既成のコードでは捉えられない「新しい出来事」を自分の「内的世界」に取り込んでいく。

ただし個々の場面で創り出されるコードは、そのままでは相互主観性を持ち得ず、認識の基盤にはなり得ない。個別のコミュニケーションが多くの人々の間で積み重ねられることによって、コード―言葉の「意味」システムとしてのラング―が生成、変化していく。そして、人の認識の「原的」基盤となっていく。人が自分の「内的世界」の「意味」構造に確信を持つためには他者の存在が不可欠である。単に主体的にコードを産出すればよいということにはならない。

コードを創り出すコンテクストの存在は、次節のイーザーの『行為としての読書』を分析する際に欠かせない。次節において、人が読書において自らの「内的世界」を再構成していく様を分析する。

ここでは、ソシュールが自らの言語学の対象としたラングの概説を試みた。言葉の「意味」システムであるラングは、具体的な発話行為であるパロールと相補的な関係にある。ラングは音声という暗号を解読するためのコードに相当する。そしてラングは発話行為の積み重ねによって、組み替えられていく存在である。しかしラングはコミュニケーションの瞬間においては共時的な静態システムを持っている。人は静態としてでなければ「意味」構造を把握できない。すなわち人が意識する「内的世界」は常に変化しつつも、その都度本人にとっては安定した構造として認識される。以上の点から国語教育の目標の一つとして、生徒個々に対して「内的世界」を創り出す「意味」のシステムを不断に意識化し続ける態度を促すことの必要性が導き出された。

さらに国語教育における「意味」システムの意識化の具体的方法を考察するためには、「意味」システム自体の構造把握が不可欠である。

次に「意味」システムたるラングの構造を分析していく。

3 「意味・価値」を創り出す言語の関係構造

言語の「意味」システムであるラングは、同時に価値のシステムでもある。

ソシュールは次のように述べている。


「記号体系という単位の体系は価値体系なのだ。」（『ソシュール講義録注解』39頁）

何故言語が価値の体系なのかについて分析する前に、体系そのものの構造を見ていく。

ソシュールは言語の体系をチェスに例えている。


「ここで、チェスの譬えは悪くない。チェスの駒の価値というのは体系から、諸条件が絡み合う全体から出ているので、各駒に固有の価値から出ているのではない。」（『ソシュール講義録注解』8頁）

チェスの駒の一つ一つは他の駒と関係し合って、盤上に一種の緊張状態を創り出している。一つ一つの駒の意味・価値は他の駒との位置関係によって決まる。例えばチェスで最も〝強い〟駒であるクィーンも、周囲を〝弱い〟駒に囲まれた状態ではたいした価値があるとは言えない。またある駒が動かされれば、その駒の価値が変化するだけでなく、駒全体の関係とそこから生まれる一つ一つの駒の価値が変化する。

ソシュールの指摘にあるように、チェスの駒の価値は各駒固有のものではない。例えば駒の材質が金や銀であろうが、木や紙であろうが、ゲームにおける駒の価値には関係しないのである。他の駒との関係性のみが、チェスの駒の価値を決定できる。

同様に、言語は言葉一つ一つに価値があるのではない。言葉相互の関係が、言葉一つ一つの意味・価値を決定する。

そのような点について丸山圭三郎氏は次のように述べている。

「ソシュールの体系は、何よりもまず価値の体系である。そこでは、自然的、絶対的特性によって定義される個々の要素が寄り集まって全体を作るのではなく、全体との関連と、他の要素との相互関係の中ではじめて個の価値が生ずる。」（『ソシュールの思想』93頁）

何故そのように言えるのかを具体例を挙げながら考察していく。

ソシュールは仮説的な観点から次のように説明している。

「言語が記号一つ分だけ膨らむとする、そうすると別の記号の意義がその分だけ減少するのだ。何なら、初めは二つの記号しかなかったとしてみよう。そのときはありとあらゆる意義がこのふたつの記号に配分されていただろう。一方が事物の半分を、もう一方が後の半分を示しただろう。」(『ソシュール講義録注解』8頁)

先に述べたように、言語は認識以前の混沌とした状態の「現実」に対して、それに切れ目を与え、認識可能な状態にする。言葉と言葉が現実を区分するためにひしめき合って、それぞれの意味・価値の受け持ち範囲を持っていると言える。したがって、ある記号の意味・価値の範囲が本来の状態より広くなると、その分他の記号の受け持っていた意味・価値の範囲が狭くなる。また極端な状況として世界に言葉が二つしかないとすると、世界の全ての意味・価値はその二つのどちらかに入ってしまうことになる。(これは人間社会ではあり得ない状況だが、アメーバなどの単細胞生物では可能であろう。すなわち「食う」か「食われる」か。)

丸山圭三郎氏が、著書『ソシュールの思想』において、ソシュール自身の次のような言葉を紹介している。

「〈犬〉という語は、〈狼〉なる語が存在しない限り、狼をも指すであろう。このように語は体系に依存している。孤立した記号というものはないのである。」(『ソシュールの思想』96頁)

『ソシュールの思想』に記載された丸山圭三郎氏の図は、ソシュールの言葉を正確に表してはいないが、単純でわかりやすい。丸山圭三郎氏の図について次のように言える。「犬」という言葉は、それ自体単独では成立しない。「犬」の意味・価値は「犬」に関連する他の「野犬」「狼」「山犬」等の語が存在するかどうかで決まってくる。

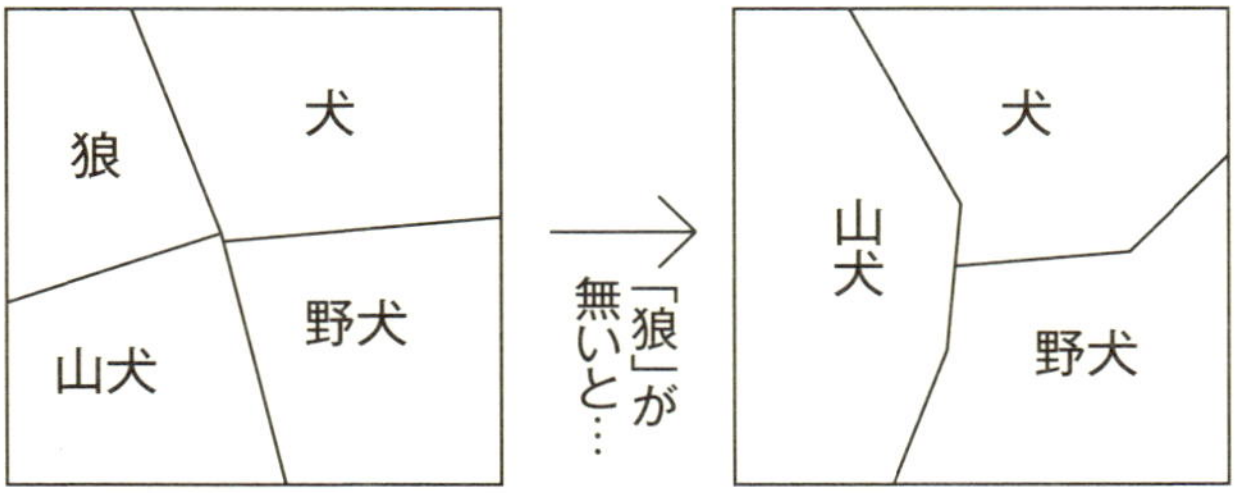

図 2
（『ソシュールの思想』96 頁より抜粋）

他の三つの語が存在しない時、「犬」の意味する範囲は広大である。また上の図2のように、「狼」という言葉だけが無くなった時も、「犬」の意味は元の範囲を保てない。一見元々「狼」だった部分を、そのまま「山犬」がカバーしているようである。しかし、現実に「山犬」が「狼」をも意味するようになった時、本来の「山犬」と「狼」との違いが影響して、元々「山犬」だった意味要素のいくつかが、「犬」や「野犬」の方に振り分けられる可能性が高い。そうしなければ、「山犬」はその意味範囲に矛盾を生みかねないからである。

以上のように、言語の意味は単独で成り立つのではなく、語と語との関係によって創り出されていることは明らかである。それも単純な関係でなく、様々な要素が複雑に関連し合って全体的な構造を創り出している。

丸山圭三郎氏は、さらに次のような例を挙げて、説明を試みている。

> 「それぞれ「犬」と「狼」という語で指し示される動物が、はじめから二種類に概念別されねばならぬという必然性はどこにもないのと同様に、あらゆる知覚や経験、そして森羅万象は、言語の網を通して見る以前は連続体である。（中略）また、我々にとって、太陽光線のスペクトルや虹の色が、紫、藍、青、緑、黄、橙、赤の七色から構成されているという事実ほど、客観的で普遍的な物理的現実に基づいたものはないように思われる。ところが、英

語ではこの同じスペクトルを、purple、blue、green、yellow、orange、red の六色に区切るし、ローデシアの一言語であるショナ語では三色、ウバンギの一言語であるサンゴ語では二色、リベリアの一言語であるバッサ語でも、二色にしか区切らないという事実は何を物語っているのであろうか。言語はまさに、それが話されている社会にのみ共通な、経験の固有な概念化・構造化であって、各言語は一つの世界像であり、それを通して連続の現実を非連続化するプリズムであり、独自のゲシュタルトなのである。」（『ソシュールの思想』118～119頁）

「犬」や「狼」等の例は日常的なものでないため、我々の認識に深く関与するといった印象は薄い。しかし、色に関しての丸山圭三郎氏の指摘は、言語が我々の認識する「現実」の根幹に関わってくることを示している。プリズムで分光されたスペクトルは実際には七色に分かれていない。色と色の境界は曖昧であり明確に区切るための基準を設定することはできない。我々がそこに七種類の色を見てしまうのは、我々が色に関する7種類の言葉を知っているからである。丸山圭三郎氏は言語によって色彩を表す言葉の種類が異なることを述べている。異なる言語の使用者の「内的世界」に反映する色彩は、当然それぞれ異なってくる。

前項の現象学の分析の際に、「これ以上疑い得ない」原的な直観の例として、〝色彩〟が例示されていた。フッサールによれば、「現実」を構成する様々な要素の中で、「赤一般」という概念は認識の正当性の源泉であった。しかし、ソシュールの言語観を参照する限り、「赤一般」という概念すら特定の言語によって恣意的に創り出された「意味」なのである。もちろん、特定言語を使って思考する主体にとって、その言語が指し示す〝色彩〟は相互主観性を持つ認識の基盤であり、フッサールとソシュールの見解が矛盾することにはならない。

右の考察によって、先に問題提起されていた「何故言語が『現実』を創り出すのか？」という疑問の答えが明らかになる。「現実」を創り出すといっても、言語が人の手のようになって机を組み立てたり、色を塗ったりするのではない。あくまでもコミュニケーションに参加する者の共時的意識を前提として、彼の「内的世界」に反映する「現実」を言語が創り出すのである。

ここまでの分析では、言語相互の関係性が「意味」を決定することは明らかである。しかし、それが「価値」をも決定する点についてはまだ明確ではない。

言語の持つ「意味」システムがその言語を使用する社会の文化価値を反映する点について、池上嘉彦氏は次のように述べている。

「まず第一に、文化を象徴するものとしての言語、そしてさらに進んで思考様式を規定しうるものとしての言語、という認識がある。外国語を勉強すれば、誰しも多かれ少なかれそのようなことを経験するはずである。例えば英語を習い初めて、英語では兄弟を表すのにbrother一語だけで、日本語のようにいちいち「アニ」と「オトウト」という区別をしないと教えられた時の衝撃的とも言える印象は、誰しも多かれ少なかれ記憶があるはずである。（当初のそのような新鮮な経験の連続が、多くの場合、数ヵ月もたたないうちに、まるでおはじきの置きかえのような符号的言語観にとって代わられてしまうのは、本当に残念なことである。）この違いは、多分、兄弟関係というものがそれぞれの伝統的な文化の中で持っていた意味合いの違いを反映していると考えることができる。同じ兄弟であっても、年上の者が年下の者とは違った権利を与えられ、違った役割を期待されるという異なった社会的な意味づけが与えられているならば、それらは異なった価値のものとして異なった命名によって区別されるのは自然である。」（『記号論への招待』11～14頁）

ある分野に関して豊かな文化を持つ社会の使用する言語は、その分野に関して豊富な種類を持つ。池上嘉彦氏の例では、「兄弟」に対する日米の考え方の差が、「兄」、「弟」と言い分けるか、「brother」一語で済ますかという差になって顕れる。「兄」「弟」の区別があれば、それを使い分ける者の意識に、当然の結果として両者の違いが生まれる。

典型的なのは、日本における一人称の多さである。「私」「僕」「俺」など、我々はコンテクストに応じて言葉を使い分けている。これはまた日本語において、「敬意」という価値が日常的に重要な意味を持つことの一面でもある。

以上のように、言語はそれを使用する者の「現実」認識において、「価値」の決定に深く関与している。

このように考えていくと、「言語と現実は同時成立する」といった表現も可能である。ソシュールは、言語と現実の関係を、一枚の紙の表と裏に例えている。現象学分析の際にも明らかになったように、「言語と現実は分離不可能」なのである。言語相互の関係の網の目が区分する範囲に従って、「現実」の「意味・価値」が決定される。また逆に「現実」の持つ「意味・価値」は、そのまま言語に反映される。「言語と現実が分離不可能」ということは、特定の状態に「言語と現実」が固定されていることを意味するのではなく、言語相互の関係の変化に伴って「現実」の「意味・価値」が変化していくことを意味するのである。

しかしここまでの考察では、言語が我々の現実を支配しているといった印象は拭えない。個人の誕生以前に、言語はそれを使用する社会に存在する。個人は自分の意思に関わらず、特定言語の使用を強制され、自身の「内的世界」の「意味・価値」を決定されてしまう。

右のような指摘は、ある程度事実である。しかし、ソシュールはそのような言語のデメリットを暴いた上で、それを乗り越える可能性を我々に示したのである。

そのような点について丸山圭三郎氏は次のように述べている。

「言語は人間が創造したものであるにも拘らず、個人にとっては外的事実性をもって経験され、自動的ともいえる仕方で個人を規制し、ほとんど無意識のうちに自己を拘束する「文化的必然」である。ソシュールは、まず最初にこの歴史的経験のレヴェルに身を置いて、社会制度としてのラングの強い拘束力を指摘したのち、今度はラングの本質に照明を当てる作業を通して、純粋な可能性のレヴェルから人間と社会との関係は、自然法則を超えた次元で、作り作られる弁証法をもつことを指摘した。換言すれば、ラングの本質は恣意的価値体系であることを確認することによって、構造の産物である人間が同時にその構造をのり超える方向を示唆したと言えるだろう。」（『ソシュールの思想』152頁）

言語は確かに無意識領域において個人の思考を規制している。個人は使用する言語の持つ意味・価値の範囲内での思考を強いられる。しかし、言語の関係構造は、元から存在する絶対的な「現実」に貼り付けられた名札ではないため、チェスの駒の位置のように変更可能である。この言語の自由な変革可能性について、ソシュールは

「記号の恣意的性格」(『ソシュール講義録注解』20頁)と説明している。これがソシュール以前の言語観のように、言語が「現実」に貼り付けられた名札であれば、人間は如何なる努力を持ってしても、「現実」の本質構造を変革していくことができない。

丸山圭三郎氏はまた次のように説いている。

「ラングは海辺の砂地の上にひろげられた網のようなものである。ラングの網次第で、砂地にはさまざまな模様が描かれることを指摘したのもソシュールであるならば、何よりも重要なこととして、この網自体はア・プリオリには存在しなかったこと、網を作ったのは人間であること、したがって網を破り棄てることも、網を作り直すことも人間にとって可能であることを「恣意性」の原理によって示唆してくれたのも、またソシュールであったと言えるであろう。」(『ソシュールの思想』155頁)

我々は日常的なコミュニケーションや、思考などの際に無意識的にラング(コード)を使用している。日頃は意識しない言語相互の関係構造を持つラングを積極的に見つめる―意識化する―ことによって、我々はその呪縛から逃れることができる。そしてラングによって構成される「現実」を、自らの認識の安定した土台となるように主体的に再構成していくことが可能になる。

この項の冒頭部で、言語が「支え」と「拘束」の二面性を持つことを指摘した。そして、本書の目的が前者を擁護し、後者を排斥することにあることを述べた。無意識領域に存在するラングの構造を意識化することがその有効な手段の一つと考えられる。これは言語による「現実認識」に他ならない。

この項においては、ソシュールの「記号論」に基づき、言語の「意味・価値」システムの具体的構造を分析した。これは個人の「内的世界」の構造の一端を捉え、国語教育の具体的方法を模索するための対象を明確化する意図に基づく。言語は「現実」に貼り付けられた名札のような単なる道具ではなく、「現実」と不可分な存在であり「現実」を創り出す存在でもある。現実を網の目のように区分して、認識可能な状態にするのがラングと呼ばれる言語相互の関係構造である。ソシュールが自身の言語学の主対象とするラングは、コミュニケーションに参加する者の意識の中に静態的に存在する。この共時態の概念が、「内的世界」を研究対象とする本書の意図に合致する。ラングはまた文化価値や人の行動原理を反映する「意味・価値」のシステムでもある。日常的には意識されないラングの構造を積極的に見つめることが「現実認識」に繋がる。以上が本項において考察されたポイントである。

次に、国語教育との関連に基づいて、「記号論」を検証していく。（ただし、具体的な教育方法については次章の考察内容であるため、問題提起程度にとどめる。）

具体的な教育方法を考える上で、言語相互の関係が「意味・価値」を創り出すことには多くの発展可能性がある。言語が「現実」に貼り付けられた名札といった言語観では、できるだけ多くの言葉とその意味を覚えさせることが、生徒の「内的世界」を豊かにするということになるのだろう。もちろん記号論においてもそのような方法を否定することにはならない。語彙が豊富になれば、それによって構成される「現実」も繊細で様々な視点を持つ豊かな存在となる。言葉を知ることは、人が生きていく上での大前提である。しかし、言語の関係構造が

「意味・価値」を生むという観点を持つ時、国語教育の指導は言葉の暗記に終わらない。言葉と言葉の関係を考えることが、言語の関係性によって構成される生徒の「内的世界」の構造を浮き彫りにする。これは国語教育による擬似的カウンセリングである。

また発話行為が言語の意味構造を変化させる点から、コミュニケーションの教育も有効な方法の一つになる。現象学の分析でも明らかになったように、人は他者の共同作業—コミュニケーション—による相互主観性の獲得によって、「内的世界」を「外的現実」の的確な反映として確信できるからである。記号論の観点からもコミュニケーションの基盤であるラング（言語の意味構造）は、逆にコミュニケーションによって再確認・再構成されていく。しかし、ラングが無意識的な存在である点は、コミュニケーションの教育のあり方を考える上で欠かせない。指導者がラングの存在を意識していない時、意図せぬままに固定された言語観（＝価値観）に基づくコミュニケーションの在り方を生徒に押しつけてしまう可能性がある。「現実認識」を観点とする時、コミュニケーションの教育は上手に話すことでも明確な結論を引き出すことでもなく、自らの「内的世界」に即した発言をすることと他者の意見を自分の「内的世界」に反映させることが目標となる。そのような観点を持たず、固定された言語観（＝価値観）を背景に持つコミュニケーションの指導は、教室というコンテクストにおいてのみ有効であり、複雑な価値観を持つ現代社会に対応できない。（ただし、本書においてコミュニケーション教育は対象外であり、具体的な方法論の考察は行わない。）

先に、言語の関係構造が国語教育の対象となるべき点を述べたが、その実現には考察すべき点が多い。

まず言語の関係構造の全てを同時に意識化することはできない。現象学の分析でも明らかになったように、人は「現実」全体を丸ごと意識上に留めているわけではなく、その都度認識すべき対象を構成しながら生活している。世界の全ての「意味・価値」構造を同時に意識化することは人間の能力を超えている。したがって「内的世界」を再確認・再構成すると言っても、任意の言葉と言葉の関係を足掛かりに少しずつ全体構造へと広げていくしかない。チェスの一手が、駒全体の価値構造を変化させるように、限定された対象の関係認識でも、全体構造へアプローチしていく可能性を十分持つ。

具体的には人権学習における「区別」と「差別」の比較などが典型的である。この二語については、もちろん辞書的教育的意味も存在する。しかし、これらを関係の観点で捉えた時、一つ一つを切り離して考える時以上に、生徒達の「内的世界」に様々な問題意識を喚起できる。これらを比較する時、生徒は自らの価値観や記憶を検証せずにはいられない。学校の規則、人間関係、学校の評価等、様々な物事との関係を想起する。二語の言葉が、彼らの「現実認識」を促すのである。ただし、「区別」と「差別」のような高い触発力を持つ言葉の組み合わせは一般的とは言い難い。単純に日常的な言葉と言葉を比較するだけでは、無意識領域において自動化された言語の意味構造を意識化する力を持たせることは困難である。

単に言葉を比較するだけでない関係構造の意識化の方法として、言語を空気に例えてみる。生きる上で不可欠でありながら、人は空気の存在を意識せずに生活している。ところが、風が吹いたり、速く走ろうとすると空気は抵抗感となって現れる。この抵抗感が空気の存在を我々に伝えてくれる。言語の価値構造も日常的には我々の意識にはない。意識にないものを無理に意識化するのは困難である。言語の関係構造が揺さぶられるとき初めて我々は元の関係構造の存在を意識化できる。

右の内容は次節の考察対象である。

本書はここまで、「現象学」と「記号論」を分析対象として、言語の「意味・価値」構造が個人の「内的世界」の成立に深く関与する様を明らかにした。

次節においては、「読者論」等の文学理論の知見を借りて、言語の関係構造を意識化するための具体的な方法を追究する。

第三節　認識を浮き彫りにするもの ―文学―

一　現実を明視する ―異化―

本書においてはここまで、「内的世界」を認識するための観点として、「内的世界」を構成する言語の「意味」構造について考察してきた。本節では「意味・価値」システムを創り出す言語の関係構造を浮き彫りにする働きを持つ存在として、「文学」の装置を分析する。

本節においては文芸理論の是非を論ずることが目的ではない。したがって、数多い文芸理論を概観することはしない。特定の文芸理論の持つシステムを解析することによって、「現実認識」を目標とする一般的国語教育の具体的方法を探りたいからである。単に「現実認識」の方法を追究するのであれば、文学理論を対象とするよりも、認知心理学などの領域を対象とするべきである。しかし、本書においては、「内的世界」の成立に言語の意味システムが不可欠であることに着目し、国語教育にしかできない「現実認識」の方法を模索している。第一節で考察したように、カウンセリングと教科指導との相違の一つに「教材」の存在がある。言葉によって織りなされる「教材」を分析することが、教室内における「現実認識」―言語の構造認識―の具体的方法の追究に繋がる。

前節の問題の一つに、言語の「意味・価値」システムが、個人にとって「支え」と「拘束」という二つの性格を併せ持つ点がある。そして、本書の目的が前者を擁護して、後者を排斥する点にあることを強調してきた。特に言語の「拘束」からの脱出を観点とする時、次の池上嘉彦氏の言説が示唆深い。

「「なぜ詩を作るのか」という問いに対して、ある詩人は「日常のことばの記号性を打破するために」と答えている。日常のことばでは、語形と語義の問に、慣習によって定められた結びつきが出来上がってしまっている。日常のことばを使っている限り、われわれはすでに多く惰性化した日常のことばの決まりの上に成り立つ日常の世界の中で、これまた惰性化した営みを繰り返すだけである。詩人の意図しているのは、この惰性に揺さぶりをかけるということである。既成の語形と語義の問の結びつきをずらしてみる。（例えば、「焔のつらら」のような比喩はその一つの場合である。）そして、その新鮮なことば遣いの創り出す意味を、日常の世界を超えるための踏み台とするわけである。」（『記号論への招待』3～4頁）

日常の言葉を使っている時、我々は言語の持つ「意味・価値」構造に無意識の内に「拘束」されていることに気づかない。日常は惰性化し、知らず知らずの内に人は言語の持つ価値基準に沿った思考を繰り返す。この時、詩人は、自動化し惰性化した「日常」に揺さぶりをかける。

具体的な表現手法の一つとして、詩人は「既成の語形と語義の間の結びつき」をずらす。すなわち「焔のつらら」のように、日常とは違う形式で言葉を組み合わせてみる。これは詩の象徴主義の手法に相当する。「既成の語形と語義」をずらすことは、前節までの考察からは、言葉相互の関係構造を揺るがすことと同義である。それがなぜ日常の世界を超えるための踏み台になるのか、また日常を超えることによって何がもたらされるのかを考察していく。

右のような詩の手法の一つとして「異化」という概念がある。「異化」という言葉を定義したのは、ロシア・フォルマリズムの代表的理論家であるヴィクトル・シクロフスキー（以降はシクロフスキーと表記）である。シクロフスキーが惰性化した日常―自動化―について述べた言葉を、大江健三郎氏が著書『新しい文学のために』において紹介している。

「もしわれわれが知覚の一般的法則を解明しようとするならば、動作というものは、習慣化するにしたがって自動的なものになる、ということがわかるであろう。たとえば、われわれの習慣的反応というものはすべて、無意識的、反射的なものの領域へとさっていくものである。」（『新しい文学のために』28頁）

「知覚」は、初期には現実を的確に反映していても、習慣化することによって固定化する。そして我々は一定のパターンに基づく条件反射的な生活に無意識の内に陥ることになる。自動化された状態では、自分の「内的世界」が「外的現実」からずれていくことに気づかない。

そのような状態を打破する方法としてシクロフスキーは「異化」の効果を示している。

「そこで生活の感覚を取り戻し、ものを感じるために、石を石らしくするために、芸術と呼ばれるものが存在しているのである。芸術の目的は認知（ウズナヴァーニエ）、すなわち、それと認め知ることではなく、明視すること（ヴィヂエニエ）としてものを感じさせることである。また芸術の手法（プリヨーム）は、ものを自動化の状態から引き出す異化（オストラニエーニエ）の手法であり、知覚をむずかしくし、長びかせる難渋な形式の手法である。」（『新しい文学のために』31頁）

右の言説のポイントは次の二点である。

① 生活の感覚を取り戻すために明視する。
② 異化とは知覚を難しくし、長びかせる難渋な形式の手法である。

①と②は一見矛盾している。①の「生活の感覚を取り戻す」という目標からは、目の前の「現実」に触れ、ただ素直に見つめればよいといった解釈も可能である。しかし①の目標を達成するための具体的な方法は「知覚を長びかせる難渋な形式」である異化なのである。明らかに「明視」は、単に目の前の現実を見つめるといった意味にとどまらない。当たり前に生活しているだけでは、人は自動化から逃れられず、「生活の感覚を取り戻す」ことはできない。

「明視」については、島村輝氏が『読むための理論―文学・思想・批評』において次のように説明している

「私たちが使っている日常の言葉は、いわば情報伝達の手段として使われていることが多い。目的が達成されればもう言葉は無用のものとなってしまう。それに対して「明視する」とは、対象を情報としてやり過ごすのではなく、その存在そのものに意識を向け、はっきりと心に刻みこむようにして見ることだ。そのようにして初めて、その対象は、見る者の意識のなかに実在するようになる。詩人や小説家は、自分の言葉によって、読み手に対象を「明視」させる。そのための様々な言葉の技法が「異化」の手法に他ならない。」(『読むための理論―文学・思想・批評』165頁)

右の説明から、「明視する」ことに「言葉」が深く関わっていることがわかる。情報伝達の目的が達成されると一般に言葉は無用のものとなる。しかしそういった一般的なコミュニケーションは、条件反射的に伝達作業を遂行したに過ぎず、我々は真に実在する対象と「生活の感覚」を持って関わったとは言えない。これは自動化された状態に等しい。この時、言葉と、それと不可分の存在である「現実」を真っ向から見つめることによって、我々は自動化された精神を解き放ち、「現実」と真っ向から向かい合うことができる。

しかし、「現実」と向かい合うための具体的な手段である「異化」が、「知覚を長びかせる難渋な形式」という点にはまだ矛盾した印象がある。「知覚」が阻害されればそれだけ「現実」を直視する可能性が低くなるといった見解が常識的だろう。

「難渋な形式」がなぜ「現実」を明視することにつながるのかという点については、大江健三郎氏の説明がわかりやすい。

「この際、芸術としての文章を読みとる側の、受動的と能動的という、対立するふたつの態度の問題をもあわせ見ておきたい。新聞に連載される秘境探険のルポルタージュを読む際の、意識の動きは、受け身のものだ。ある情報を、ちょっとした知的困難の感覚もなしにあたえられ、軽い楽しみとともに読み終る。それはテレヴィの秘境探険のフィルムを見る態度そのままだし、あるいはチャンネルを切りかえてプロ野球の実況放送を見る態度ともたいした変りはない。つまりは、先方から気持の良いなめらかさで伝達される情報を、受け身で楽しんでいるのだ。

ところが、知覚をむずかしくし、長びかせる難渋な形式の手法を受けとめ、能動的に自分のうちにとりこむことは、すっかり別の作業である。それは自動化・反射化とはちがった仕方でものに対することであり、意識をものに集中する仕方で文章を読み進むことである。つまり能動的な作業である。文章の一節に立ちどまり、意識の力をそこに集中するようにして、言葉の表現しているものに触れてゆく。それは能動的な行為として、いかにも人間にふさわしい。そのような能動的な行為を読み手によび起すことを期待して、作家は小説の文章を書くのである。」（『新しい文学のために』34～35頁）

ごく自然な情報伝達においては、我々は受身になりやすい。すなわち自動化の状態である。大江健三郎氏が「気持ちのよいなめらかさで伝達される」と表現しているように、自動化は人に表面的な快適さを与える所に特徴がある。これは情報に対する情報受信者—すなわち我々自身—の依存状態とも言える。送られてくる情報に依存した状態においては、我々は自分で考える努力を必要としない。これまで述べてきたように、そのような状態においては自らの「内的世界」が「外的世界」を的確に反映しなくなりつつあることに気づかない。これが現代を特徴づける慢性的な精神の不安定状態の一因となる。

言葉が「難渋な形式」によって綴られる時、人は一旦は自動化による快適さを奪われる。文学が嫌いな人物は、この段階の精神的苦痛を通過することができないと推察される。しかし、「異化」された言葉に触れるときの苦痛が、人に能動性を取り戻させる。能動的にならなければ対象を理解できないという思いが、受身の快適さから彼を引き剥がすのである。情報に対して、それを積極的に意識上に対象化して、吟味しようとする姿勢が生まれる。

特に「言語」に観点を置いた時、「異化」においてもたらされるのは次のような点である。

大江健三郎氏は次のように述べている。

「ひとつは、それらの単語のひとつひとつが、洗いきよめられたように、言葉の持つ本来の意味をはっきりと示してくる、と感じられること。もうひとつは、さらに具体的に自覚できるはずだが、自分がその言葉に限をひきつけられるようにして、ある時間をすごすほかないということである。なめらかな氷の表面をすべってきて、ギクリと引きとめられるような抵抗を、それらの言葉によってあじあわされるのだ。

そのような印象をあわせる時、僕らはこれらの言葉を、見なれない、不思議なものとして受けとめている、というほかはない。当の言葉の意味ならば、よく知っており、さっきまでずっとなじんですらいたはずであるのに……　この作用が、「異化」された言葉のひきおこすものなのである。」（『新しい文学のために』28頁）

大江健三郎氏の言う、「異化」によって浮き彫りにされる「言葉の持つ本来の意味」について、本書においてここまで明らかになった現象学や記号論の観点に立って考察していく。

ソシュール以前の言語名称目録の言語観では、「本来の意味」とは言葉の成立以前に存在する「現実」を指すことになる。しかし、現象学や記号論の知見によれば、言語と現実は不可分な関係にある。特に個人の「内的世界」を対象とする時、その人物の言語把握のあり方に応じて「内的現実」が構成されている。「本来の意味」という表現は、個人の認識以前に前もって絶対的な「意味・価値」存在するかのようである。しかし、大江健三郎氏は、「言葉の持つ本来の意味をはっきりと示してくる、と感じられること」というように、主体の意識を前提としている。「異化」された言葉に触れる主体が「言葉の本来の意味」を印象として感じ取っているのであって、言葉に絶対的な「意味・価値」があるといった言語名称目録観のような考え方を大江健三郎氏が持っていることにはならない。

「異化」は、言葉を日常とは異なる形式で扱う。日常的な言葉と言葉の関係がずらされる。それによって見えてくるのは、「現実」を構成する言語の関係構造そのものである。日常的には我々は言語に対して「現実」に張り付けられた名札のような印象しか持っていない。しかし、そのような「現実」に固定された言語観は、自動化された状態に他ならない。我々は言語が現実に張り付いていることに安住して、言語そのものを見つめる努力を怠っている。これは「現実」を見つめる努力を怠ることに等しい。この時「異化」によって、我々は言語が「現実」に固定されたものではなく、言語相互の関係によって常に変化し続けていることを「明視」させられる。そして、「現実」を的確に反映させるための言語の関係構造を、「内的世界」において主体的に構築していくことを余儀なくされる。

大江健三郎氏はまた次のように述べている。

「子供の頃、映画を見てのかえり、自分がジョン・ウェインの身ぶりを無意識になぞっていることに気づきはしなかっただろうか？　それと同じく、青年時に電車のなかで中勘助の短い小説を読んでいて、眼をあげると、すぐ前に膝をつきあわせるようにして立っている少女が、日頃自分の眼が見るのとはちがった新鮮さで見えているのに気がついたことはないだろうか？　自分の胸のうちに、やはり日頃とはちがった仕方で―それもたいていは、よりゆっくりした、確かなリズムで―、眼に入る周囲の事物を言葉にする動きが起っている……

それは中勘助の文章の「異化」する力が、つまりはかれのものを見る、ものを考える文体が、自分を影響づけているからである。電車のなかで一冊の文庫本を熱中して読んでいた若者が一瞬窓から外の風景を見て、魂をうばわれたように放心している。僕はそうした様子を見るのが好きだ。かれは、または彼女は、いま風景を見ているにはちがいないが、それまでの読書によって洗われた限・感受性、活気づけられ勢いをあたえられた心の動きで、風景を見ているのである。それまで読んでいた本の「異化」する力・文体が、窓の外の風景にまで、かれの躰のうちから滲み出ているのである。」（『新しい文学のために』58頁）

我々は「異化」された世界―映画や文学などのような―に触れるとき、逆に元の日常そのものが新鮮さを取り戻したような感覚を持つ。大江健三郎氏はそれが、映画や本の持つ「異化」の力が、それに触れる者の躰から「滲み出ている」と表現している。右の大江健三郎氏の言説において興味深いのは、人が「異化」の影響を受けた状態において、「目に入る周囲の事物を言葉にする動きが起こっている」点である。これは先に述べたように、無意識において固定化されていた言語の「意味・価値」構造が柔軟性を取り戻し、「現実」を的確に反映するために再認識・再構成され始めたことを意味する。すなわち、文学や映画の「異化」の力は、カウンセリングにおける「内的世界」の再構成に相当する働きを持つ。

本項においては、言語の関係構造によって構成される「内的世界」を認識するための手法の一つとして、文学などにおける「異化」を取り上げて考察した。人は日常的には受身的に与えられた「意味・価値」に安住し、自動化された状態に陥りがちである。「異化」は、非日常的な表現によって知覚を「難渋」させ、能動的に言語とそれに不可分の「現実」自体を明視することを促す。それが人の「内的世界」を再認識・再構成していく態度につながっていく。

「異化」について、教育の観点からは次のような点が指摘できる。

「異化」は本来文学理論の一つである。その点からは、「異化」の効果を文学教育という限られた条件でしか利用できないという解釈も可能である。しかし、「異化」のもつ仕組みを分析することによって、その働きを一般的な国語教育の方法論として応用できる。教師は教材の触発力を高め、「異化」を効果的に引き出す役割を持つ。また本来「異化」を意識して執筆されていない文学以外の教材でも、教師が「異化」の効果を発現させる触媒に成り得る。この点については次章の実践分析における考察対象である。

また「異化」によって人は、自動化の快適さから引き剥がされることによる「苦痛」を感じる。この点から国語教育において「異化」を対象とする時、慎重な扱いが必要なことがわかる。一見、生徒が「内的世界」を認識しつつあるように見えても、実際には教師の指導に依存し、教師の期待に添うことに拘泥する状態にとどまる可能性もある。固定化された「意味・価値」に依存する自動化が、表面的な快適さを伴うことからもその可能性は高い。同じ理由で、たとえ「異化」された文章に接しても、自動化の快適さから逃れられずに、教材を拒否する生徒が出てくることも考えられる。したがって、「異化」の効果を引き出す指導においては、その状態まで生徒を引き込むために、教師が生徒を支えてやる必要も生まれる。つまり、生徒の認識の一時的な混乱状態を引き起こし、それによって固定化・自動化された生徒の「内的世界」に柔軟性を持たせ、「外的現実」を的確に反映するように再認識・再構成させるといった、「支え」と「揺さぶり」の微妙なバランス操作が必要になる。

これらの具体的な考察は次章において行う。

本項においては、文学理論の一つである「異化」を対象として、その「現実認識」における意義を考察した。次項では、ヴォルフガング・イーザーの『行為としての読書』を対象として、文学の持つ力を、「現実認識」の観点の元にさらに詳細に追究していく。

二　文学のシステム ―『行為としての読書』―

1　現実認識の文学理論

ヴォルフガング・イーザー（以降はイーザーと表記）の『行為としての読書』は「読者論」の基盤となる論理を提供した書として著名である。ここでは、文学理論としての『行為としての読書』を分析するのではなく、文学の持つ装置が、いかに生徒の「現実認識」に寄与しうるかという観点に絞り込んで考察を進める。

文学がどのような機能を持つかについては、様々な捉え方がある。例えば、一定の価値を作品内に持ち、それを我々に伝達する機能を持つといった文学観もある。そのような文学をイーザーは、修辞的、教訓的、教化宣伝的文学として、次のように説明している。

「修辞的、教訓的、また教化宣伝的な文学は、おおむね、その聴衆ないし読者が共有している意味システムを無難な形でレパートリィに取り入れる。」（『行為としての読書』143頁）

右のような文学観は、文学から我々に対する既成価値の伝達、強化という性格が強い。価値の伝達も教育の目的の一つではあるが、本書における「内的世界」を構成する価値を生徒個々が意識化するという目的には適さない。既成の価値をただ反復するだけの作品では、自動化された我々の認識を揺さぶる力は持てない。イーザーは修辞的、教訓的、教化宣伝的文学観を批判的に捉えている。

しかし、右のような文学観も、現実に存在する文学のタイプの一つではある。『行為としての読書』においては、様々な文学のタイプがイーザーによって分析されている。そして、イーザー自身が支持する文学システムとの比較を行っている。以上の点から、『行為としての読書』の内容を教育に応用する際には、その理論をそのまま取り入れるのではなく、文学がどのようなシステムを持つときに生徒に対してどのような作用があるのかといった観点で捉える必要がある。作用原理を把握しないまま、イーザーの言説を教育方法における規範概念に置き換えることは避けたい。

イーザーが主眼とする文学観には、「異化」と同様の効果が含まれている。『行為としての読書』の序文には次のように記されている。

「視覚メディアばかりか、コマーシャリズムに則ったテクストによっても過剰な刺戟をうけて、知覚や感性が自動化されていく今日、高度に構造化されたテクストの加工過程を明確化することは、批判的見解に欠くことができない。つまり、読書過程の分析は、われわれが自分自身を読み解くための特定条件を明らかにする。作用美学に基づく解釈が、解釈の基盤とされたり、あるいは解釈にとり入れられて行くさまざまな前提を、つねに反省することを求めるように、読書行為の研究は、自己観察を経て自己解明に至ることを目的としている。」(『行為としての読書』序文)

刺激過剰の現代文化の渦中で、我々は無自覚に知覚や感性を自動化されてしまっている。この時、読書過程の分析が、我々を自動化から解き放ち、我々自身を照らし出すことにつながる。本項においては、なぜ文学理論がカウンセリングのように「自分自身を読み解く」ことにつながっていくのかを分析していく。

『行為としての読書』を読み解く上でのキーワードの一つが「イメージ」である。「イメージ」という言葉には、人それぞれが主体的に任意の対象を想起するといった一般的認識がある。イーザーの意図する「イメージ」は、我々の日常的認識のそれとは性格を異にする。

イーザーは次のように述べている。

「イメージと読書とは切り離せない関係にある。といっても、イメージとしてとらえられる記号結合が主体の恣意にゆだねられているという意味ではない。もとよりイメージ内容が個人の主観に彩られていること

は論外である。」（『行為としての読書』244頁）

イーザーは、自身の使う「イメージ」が、主体の恣意による解釈の多様性を許容するようなものではないことを説いている。つまりイーザーは、読書において「イメージ」を重視すべきだというような規範概念を述べているのではなく、読書過程において「イメージ」が重要な装置の一つであることを述べているにすぎない。イーザーの理論構造を可能な限り正確に解析した上で、「イメージ」の概念把握をする必要がある。

イーザーの「イメージ」を理解する上では次の言説が示唆深い。

「むしろここで重要なのは、主体が自分で作り出したイメージの脈絡にひき込まれていくという点にある。つまり読者は自分のイメージによって感情を動かされる。読書でうるイメージの特徴は、非在ないし不在のものが出現し、しかも自分がその中にいるということである。イメージの世界にひき込まれていれば、現実の中にはいないということになる。従って、イメージの世界にいるのは、一種の非現実化の体験を意味する。すなわち、イメージが非現実化の働きをするのは、私がイメージを通じて、自分自身の現実から私をつれ出してしまうものに心を奪われているからにほかならない。これをとらえて、よく文学の現実逃避といわれるが、それは読書中に起きる非現実化の特種な経験だけを指していることが多い。ところで、こうした非現実化の過程が終ると、ということは、読み終るということだが、すると極めて当然のことに、一種の（覚醒）の経験が生ずる。これは多くは興ざめといった感じがあり、特に本に熱中していた場合には、それを強く感じる。だがこうした覚醒の質は別として、とにかく目がさめれば、しばらくの間イメージ形成によって引き離されていた現実に向きあうことになる。しばらく現実世界から離れていたといっても、立ち戻るときに、なにか現実ではえられない行動規範が身についているわけではない。むしろ、ほんの僅かな間でも、自己の現実世界が観察可能な姿として目に映るところに特徴がある。」（『行為としての読書』244～245頁）

イーザーの「イメージ」は現実のある対象を想起するという意味を持たない。「イメージ」は非現実を創りだして、その中に主体を引き込む。したがってイメージの世界にいるということは、非現実の体験をしつつあることを意味する。特にイーザーが重視するのは、非現実体験後の（覚醒）の経験である。この時、我々は日頃見なれた現実世界を新鮮な感覚で捉える。イーザーによればこの時、日常世界は観察可能な存在として我々の意識の対象となっているのである。前項の分析において大江健三郎氏が映画や文学について同様の効果を指摘していた。したがって、イーザーの文学論が、「異化」と似た性格を持つことがわかる。

次に、文学においてどのように非現実化の体験がなされるのか、そしてその体験がなぜ日常を観察可能にするのかについて、文学のシステムを分析していく。

2　意味・価値システムの意識化

イーザーは、文学作品が読者の「読み」による参加をまって初めて成立することを説いている。

イーザーは次のように説明している。

「作品は読者による具体化をまって、初めてその生命をもつがゆえに、テクスト以上のものであり、具体化は読者の主観に全く束縛されないことはないが、その主観性はテクストが与える条件を枠として働いている。つまり、テクストと読者とが収斂する場所に、文学作品が位置している。こうした場は、当然のことながら潜在的にしかありえない。それは、テクストそのものにも、読者の主観にも還元しえないためである。これをいい換えれば、文学作品は、読書過程においてのみその独自の姿を示す、ということになる。従って、これからの論議で文学作品といえば、テクストから呼びかけられた読者が遂行する構成過程を念頭においている。つまり、文学作品とは、読者の意識においてテクストが構成された状態を指す。」（『行為としての読書』34頁）

右の言説には、現象学の影響が明確に顕れている。現象学においては、「現実」とは、主体の意識作用によって様々な要素が構成されて初めて存在するとされている。文学においては、文学内の様々な要素を、読者が意識内で構成することによって初めて作品が成立する。「テクストと読者とが収斂する場所に、文学作品が位置している」という記述が示すように、文学作品の成立においては、テクストと読者とどちらが主ということはない。右のイーザーの言説を、「読者が主体的に読むべきである。」といった規範概念と捉えるのは、恣意的な読みとりによる曲解である。右の言説中に「その主観性はテクストが与える条件を枠として働いている」とあるように、読者の読みは作品の構造によって制限される。

そのような点についてイーザーは次のように述べている。

「小説はさまざまな遠近法を組み合わせ、その作者に固有な視覚を伝える。通常は四個の相互にきわ立った遠近法、すなわち、語り手、登場人物、筋、虚構の読者が支柱となっている。こうしたテクストの遠近法の間には、重要性に応じた順位はあるが、そのうちのどれか一つをとらえれば、テクストの意味が同定できるというものではない。むしろ遠近法の分化は、ものの見方の規準点をどこにおくかという違いによっている。遠近法は相互に関連を保ち、共通点を指示するように組み立てられている。この共通点がテクストの意味といわれるものであり、読者は好むと好まざるとにかかわらず一定の視点をとる場合にのみ、テクストのさまざまな遠近法を統合して、一つの意味に焦点を合わすことができる。視点を選ぶにあたって、読者に自由はない。この視点は、テクストが先に挙げた遠近法を組み合わせた叙述をしているところから生じてくるからである。すべての遠近法をまとめ上げ、そこに共通したものを指示する地平がえられる場合にのみ、読者の視点は適切であったといえる。」(『行為としての読書』60～61頁)

遠近法とは、「現実」を創り出すための意識作用の一つである。意識内においては、空想・想起など様々な意識要素が遠近法による配置を経て「現実」へと加工される。同様に小説、すなわち非現実の成立における遠近法も、小説内の様々な要素を構成する作用を持つ。そして遠近法は一つではない。ある時は読者の意識内において「語り手」の存在が遠近法によって意識化され、ある時には「登場人物」が意識化される。イーザーはそのような遠近法には「語り手、登場人物、筋、虚構の読者」の四種類あると指摘している。(「虚構の読者」とは、著者が作品を読むことを期待する理想の読者像のことであり、作品内に内包されている。ただし、現実の読者は「虚構の読者」をも作品の構成要素の一つとして捉える。)そして、読者はある視点に立って、四つの遠近法を一定の組み合わせで捉えたときにのみ、一つの意味を捉えることができる。したがって、作品は読者の恣意的な読みを許容しない。しかし、読者は一定の視点を作品に強制はされるが、それが読者の作品に対する受動性を意味するのではない。（読者が作品に対して受身であるなら、一定の価値の伝達である教訓、教化宣伝の文学と同じである。）

イーザーは読者の役割について次のように分析している。

「視点にせよ地平にせよ、テクストの遠近法構成からえられるものではあるが、テクスト自体に描き出されているわけではない。むしろ、そうした視点は読書過程で作り出されてくる。すなわち、読者は、テクストがさまざまな見方をとれるように配置している視点に立つにつれて、次第に共通性を指示する地平を構成することができるようになる。これがテクストに組み込まれた読者の役割の基本図式である。」（『行為としての読書』61頁）

テクスト自体には、一定の意味を生む「視点」も、「視点」を統合した結果の「共通性を指示する地平」も直接は描かれていない。「視点」や「地平」は読書過程で創り出されるのであって、あくまでも読者の主体的な読みの結果なのである。

しかし、ここまでの考察では次のような問題点が残る。教化などの文学観とイーザーの説く文学観との違いは、作品の内包する価値が、読者にとって思案する必要もないほど明瞭に描出されているか、謎解きのように視点を探し出すことによってしか得られないかの差でしかない。結局一定の価値伝達が行われることに変わりはない。イーザーの説く読者の主体性とは、単に自力で一定の価値を読みとることに過ぎないのではないか。本質的に教訓、教化宣伝の文学との差はなく、自動化から人の意識を解き放つ程の力は持てないはずだ。

以上の疑問を解消するためには、読者が「共通性を指示する地平」を作品内に見出すまでの過程を具体的に分析していく必要がある。

先の引用において、イーザーは「作品は読者による具体化をまって」初めて成立すると述べている。しかし客観的には、作品は文字資料として読書行為以前に存在している。イーザーがどのような観点で読書行為以前の「テクスト」を作品として未成立と見ているのかを明らかにすることによって、相対的に読者の役割が見えてくる。

読書行為以前の「テクスト」について、イーザーは次のように述べている。

「つまり、虚構テクストは、実在の対象に該当するような全面的な確定性はもちえず、つねに不確定な要素をそなえている。だがそれは欠陥ではなく、テクストが読者に伝達される基本条件になっている。不確定なところがあるからこそ、読者はテクストの意図を理解し、それに形を与えてみようという気持を起こす。」

（『行為としての読書』40頁）

虚構テクスト（文学）は、虚構であるため、現実そのものではない。したがって、現実そのもののような確定性は持たない。具体的には、作品の登場人物やその場面に関する情報を我々は読書以前に持たない。したがって、テクストから我々への情報伝達という点においては、虚構テクストはシステムとして不完全である。もしテクストの情報伝達システムが完全であれば、必然的に我々は情報に対して受身になる。しかし、虚構テクストが不確定な要素を持っているからこそ、我々は能動的にその情報を読み解こうとする意志を持つ。

そのような点について、イーザーはオースティン等の発話行為理論と比較しながら次のように説明している。

「発話行為理論が説くところによると、発話が場面に適切である場合にのみ、発話の成功が保証されていた。厳密に考えれば、虚構テクストは場面をもたず、よく見ても、白紙の場面に向かって（語り）かけているわけであるし、読者の方は、読書の間、既知の価値観やものの見方の有効性が疑わしく思えてくるために、なじみのない場面におかれていることになる。ところが、こうした白紙状態が、テクストと読者の間の対話関係では、原動力として働き、了解の条件を生み出し、テクストと読者とが出会う場面の枠を作り上げる。この点、ここで初めて、日常言語使用ならばすでに前提となっていなければならないことが作り出される。この点、短所となるのは、了解に達しない場合があることだが、その反面、長所は、通常の言語活動にまさる了解がなし遂げられちところにある。いずれにしても、テクストと読者との間に成立する場面のタイプは、発話行為理論が、言語活動に必要な高度に規定された付帯状況として挙げる場面のタイプと違ったものになるであろう。」（『行為としての読書』100頁）

発話行為理論においては、発話が場面に適切である場合にのみ、発話の成功が保証されている。しかし、虚構テクストと読者の対話関係においては、その背景となる場面が非現実であるため、読者にとっては対話を成立させるための前提条件が白紙状態となる。現実の発話行為においては前提となる価値観やものの見方が、虚構テクスト内において通用するとは限らないからである。

しかし、この白紙状態、すなわちテクストから読者への情報伝達システムの不確定状態が、逆に読者の能動性を引き出し、読者が自らの意志で「テクストと読者とが出会う場面の枠」を作り出すための原動力となる。

右の言説と同様の内容を、イーザーは「コード」の概念を使って説明している。

「作品は、テクストと読者との間の潜在的な位置を占めるため、この両者が相互作用を起こした結果、初めて作品の顕在化がなされる。そこで、もしも作者の技法か、読者の心理かのいずれかに考察が集中すれば、読書過程そのものを明らかにすることはできなくなる。といっても、この両極のどちらも重要性に欠けるのではなく、両者の関係を視野に捉えておかなければ、作品のおかれた潜在的な位置を見失ってしまうからにほかならない。作品のおかれた関係をその横成要素に分け、各個に考察して有効な結論が出せるという考え方は、テクストと読者との関係が、発信者と受信者という情報理論モデルにそのまま当てはまりさえすれば問題はない。そのためには、テクストと読者の両方に共通し、内容が確定したコードの存在が前提となり、メッセージの受信が保証されていなければならない。その場合、メッセージは発信者から受信者への一回路をもつのみである。

ところが文学作品においては、メッセージは二重の回路を経て伝達される。すなわち、読者はテクストの意味というメッセージを、自ら構成しながら（受信）するのである。共通し、内容の確定したコードはない。共通コードに相当するものは構成過程で次第に作り出されてくるとはいえよう。」（『行為としての読書』34～35頁）

通常の情報伝達において、我々は発信者と受信者との共通の取り決めであるコードを前提としてコミュニケーションを行う。しかし文学作品においては、非現実であるため、読者が日常において前提としているコードが通用しない。それで、読者はコードを自ら構成しながら、テクストからメッセージを受け取る。

前節の記号論の分析で、我々はコンテクストを参照することによってコードに変更を加えながらコミュニケーションを成立させていることを述べた。文学作品においては、特にコンテクストすなわちテクストの文脈が重視されることになる。読者はテクスト内の様々なコンテクストを参照しながら、テクストの解読コードを構成し、それを足場にまた読み進むのである。

そして、読者がコードを創り出すこの過程に、「現実認識」への手掛かりがある。テクスト解読のためのコード自体には、「現実認識」の力はない。テクスト解読コードはテクスト理解のためにのみ有効であって、現実の情報コードとしては無価値である。また先に指摘したように、コードの構成が読者の主体的作業とはいえ、恣意的な解釈を許容するものではない。一定のコードを構成した時にのみ、テクストは文学作品として一定の意味を表出させる。それだけでは特定の価値を伝達する教化宣伝の文学と変わりがない。既成の価値を反復強化するだけでは、無自覚的な自動化状態から個人を解き放つことにはならない。「現実認識」の力は、創り出されるコードそのものにではなく、コードを創り出す過程に存在するのである。

イーザーは次のように述べている。

「虚構テクストは、歴史的生活世界に見られる多種多様な慣習の貯蔵から選択を行ない、それらが相互に関連するものであるかのようにまとめ上げる。こうしたわけで、小説の中には、自分たちないしは他の社会や文化に拘束力をもつさまざまな慣習が認められる。だが、それらは水平に再組織されてみると、思ってもみなかった結びつき方となり、安定した効力などはないことがわかる。結局、これらの慣習は、その本来の生活世界における機能連関から切り離されることによって、それ自体の姿を現わし、それそのものが主題化されるために、規制力を失う。だが、ここで虚構言語の効力が発動し始める。すなわち、虚構言語は、異種の慣習を選択し結合することにより、それらの慣習の効力を失わせる。こうした働きが虚構言語のもつ語用論的機能といえるであろう。われわれは、行動しようとするとき、垂直に組織された慣習の助けを借りる。だが、さまざまに異なった慣習が水平に組み合わされてみると、われわれの行動を支配しているものの実体が如実に示されることになる。」(『行為としての読書』100頁)

虚構テクストは、現実の様々な慣習を選択的に取り込むことによって構成される。虚構とはいえ、現実に使用されている言語を媒体とするため、日常的な慣習が取り込まれるのは当然である。しかし、慣習は虚構テクストに取り込まれる際に、本来の機能関連(コンテクスト)から引き離される。そして、本来ならば異なるコンテクストの下に機能している異種の慣習が「水平に」—共時的に—再組織される。これは例えるなら公衆浴場に行くのに燕尾服を着ていくようなものである。本来なら異なる場面で有効になる慣習が同じ場面に共存する。現実世界においては、公衆浴場には公衆浴場の、礼服には礼服の、「垂直に」—通時的に—発展してきた約束事があるはずである。

異種の慣習の結合を目の当たりにして、読者は困惑する。虚構テクストの世界においては日常において無意識的に依存していたコードが使えないからである。やむを得ず読者はそれらの慣習を「水平に」再組織することによってその世界を読み解くためのコードを創り出す。その際相対的に、我々が日常において無意識的に依存しているコード―意味・価値システムの実態が意識化される。

そのような点について、イーザーは簡潔に次のように述べている。

「読者はまず読み進めるにつれて、自分の与えられる遠近法には不十分なところがあることを知る。次いで読者は、それまで信頼できると思っていたことに不信感をつのらせ、ついには自分自身の先入見に気づく。」（『行為としての読書』11～12頁）

イーザーは虚構テクストの効用について、次のようにまとめている。

「1　虚構テクストは読者に対して、生活世界の中で与えられている自分の立場を超えでる機会を与える。
2　虚構テクストは特定の現実の反映などではなく、読者によって意味の違う現実の完成、あるいは読者自身の現実の拡大である。」（『行為としての読書』134頁）

「生活世界の中で与えられている自分の立場を超えでる」や「読者自身の現実の拡大」等は、自動化され固定化された価値観から解き放たれ、より現実に適応した「内的世界」を再構成することにつながる。以上の点から、「異化」と同様、イーザーの説く文学のシステムに「現実認識」の観点が内包されていることは確実である。

イーザーの文学理論を国語教育に応用する時、次のような問題点が指摘できる。

イーザーの主張は、現象学の直接的影響を受け、発話行為理論の情報伝達モデルをベースに独自の理論展開をみせる。読者の意識過程に観点を置いたイーザーの理論は、教材を対象とした教科指導における生徒の「内的世界」の意識過程を知る上で示唆するところが多い。

特に生徒の多様な読みに対して指導者がどのように対処するかについて一つの指針を示している。

指導者は自分の持っている価値を生徒に押しつけてはならない。また、その逆に生徒の自主性、主体性重視を建前にしながら、実質的な放任を行うことも避けるべきである。生徒が外面的に自主的に見えても、内面的には教師の権威に依存し、教師の期待に沿うことに執心している可能性がある。それでは、教師はどのようにして、生徒の真の主体性を引き出すのか。教師の働きかけによって、生徒の意識を揺さぶる。それによって生徒の教師に対する依存を打ち破り、自己の「内的世界」を見つめる方向性を持たせることも一つの方法である。

イーザーの主張するところも、このような「揺さぶり」の効果に近い。

テクストは文学作品として成立するために、一定の視点をとることを読者に強いる。しかし、視点そのものは作品内に直接描出されず、あくまでも読者の主体的行為によって探し出されるのを待っている。文学作品として読者の意識内に成立するためには、読者の意識による構成作用が必要である。読者によって構成される前のテクスト状態には、現実世界の様々な価値や習慣が、本来あるべきコンテクストから切り離された状態で、現実とは異なる関連性を持って配置されている。それらは、情報として不確定な状態にある。そして、この不確定な情報形態を持つテクストを読み解く際の意識の働きに、「揺さぶり」と同様の効果が内包されている。読者は虚構テクストを読み解く際に、自分が無意識に依存していた日常的「意味・価値」システムが、テクスト解読に使えないことを知って困惑する。使えないことを知ることは、無意識下に隠れていたそれら「意味・価値」システムを意識化するということでもある。すなわちこの瞬間に、読者は自分が日常的に自動化状態にあったことを知るのである。読者は不確定なテクスト内の情報を読み解くために、自らテクスト解読のコードを創り出し、それを足場に虚構テクストを文学作品へと構成していく。この虚構テクスト専用のコードを創り出す過程の一つ一つで、日常のコードの再確認・再構成が行われる。これは「内的世界」の再確認・再構成に等しい作業である。

以上の論理を教科指導に応用するとき次のような点が指摘できる。

まず生徒が、教材のセグメント（断片）の一部にのみ拘泥し、他のセグメントの関係を無視した反応を見せるケースが予想される。教材の非日常性が高い時、すなわち教材のセグメント相互の関係性が日常のコンテクストから極端に逸脱している時、セグメント相互を関連づけるコードを見つけることが困難になる。そのような教材に対して生徒は、コードを見つけることを放棄し、特定のセグメントだけを対象に作品を読み解こうとする可能性がある。一部のセグメントに限定し、セグメント相互の関連性を無視すれば、日常のコードが通用するからである。この時、生徒がどのように活発に「自分の」意見を述べても、自動化状態に囚われたままであり、「内的世界」の認識も行われていない。これは「何かが起こっているようで、実は何も起こっていない」（『記号論への招待』9頁）状態に他ならない。自動化は表面的には快適さを持つため（なぜなら価値に依存した状態で主体的に思考する必要がないからである）、生徒が一部のセグメントに拘泥するケースは発生しやすいと推察される。

日常のコードが通用しないという葛藤が、新しいコードを見つけようとする態度を生むことが不可欠である。教材が極度に非日常的で、セグメント相互を関連付けるコードを見つけることが困難な場合は、教師が生徒の読みをある程度支えてやる必要がある。具体的には、教師が自らのテクスト解釈のためのコードを、授業展開において暗示することなどが考えられる。しかし、教師のコードの暗示情報が過剰な時、生徒は教師の読みに依存してしまう。また過少な時、生徒は難解な虚構テクストを読み解く困難に耐えられず、コード探しを放棄してしまう。教師による読みのコードの暗示には、微妙な操作が必要である。

また生徒が、教師の見解と全く異なる読みを提示するケースが考えられる。もちろん、先に述べたようにセグメント相互の関係性を無視した読みは許容されるべきではない。しかしテクスト内のセグメント全体が生徒の意識内で構成された結果として、教師の読みとは異なる「共通の地平」を創り出している場合がある。このような生徒の読みに対しては、それを許容するだけでなく、教師の読みと対等の評価を与えるべきである。

すなわち、イーザーの理論を国語教育に応用する場合、重要なのは読みの過程である。生徒が独自の「共通の地平」を見つけるような例外を除いて、読みの最終到達点はむしろ教室全体が相互主観的に一点に収斂すべきである。この点を教師が自分の読みを生徒に押しつけることと混同してはならない。生徒の見かけの主体性を求めるのでなく、生徒が真に自動化から脱し、主体的に教材を読み解く態度を育てるためには、教師が生徒に対して積極的に働きかける必要がある。虚構テクストはそれ自体「現実認識」を促す力を内包している。教師は、教材自体の持つ作用を増幅する役割を持つことが望ましい。すなわち「触媒」である。

次に虚構テクストにおける具体的な装置である「空所」と「否定」を考察する。これらの装置の分析によって、教師の働きかけの具体的方法を探っていく。

3 自動化を打ち破る装置 ―空所・否定―

イーザーは「空所・否定」を次のように紹介している。

「ところで、不確定性は虚構テクストの伝達的機能から生じ、またこの機能そのものはテクストにおいて明確に示されているものを基盤にしているわけであるから、テクストという確定的な形をそなえたものから生じる不確定性に、構造がないわけはない。すなわち、テクストにおける不確定性には基本構造が二種類あり、それは空所と否定である。これらが伝達の条件と考えられるのは、テクストと読者の相互作用をひき起こし、ある程度、その相互作用の調整を行なうからである。」（『行為としての読書』312頁）

先に述べたように、テクストは不確定な要素を持つ故に、読者の意識内で作品として成立するために読者の意識作用を必要とする。また逆に読者は、対象となるテクストに不確定な所が存在する故に、能動的にその不確定部分を解消しようとする。前節において、人が自己や様々な対象に対して「意味」を持たずにはいられない存在であることを考察した。不確定なものに意味を与えようとする態度は、人間の本性と言える。イーザーはそのようなテクストの不確定性の基本構造には、「空所」と「否定」の二種類あると説明している。

イーザーは「空所」について次のように説明している。

「テクストはそのようにさまざまな組合せからなる一システムであるからには、組合せを具体化する読者のための場もシステム内に用意されているのが当然と考えられる。その場が空所であって、特定の省略の形をとってテクスト内の飛び地を作り出し、読者による占有をまつ。この空所の特色は、空所を作り出しているシステムそのものによっては充填されえず、他のシステムによる補填しかありえぬ点にある。そして補填がなされるとともに、構成活動が始まり、この空所という飛び地がテクストと読者の相互作用を推進する基本的な転換要素の働きを示す。従って、空所は読者の想像活動をひき起こすが、その活動はテクストの示す条件に従うように求められる。」（『行為としての読書』291頁）

先に述べたようにテクストは情報伝達モデルとしては不完全である。セグメント（断片）間の結合箇所には「空所」があって、テクスト内情報の円滑な伝達を妨げる。読者が想像で「空所」を埋めることによって、作品が構成される。しかし先に述べたように、読者の想像が一定の視点を持ったときにのみ、テクストは一定の構造を現出させる。したがって「空所」は、ある程度読者の読みを操作するように配置されている。仮に「空所」が一定の「結合可能性」を全く感じさせないとすれば、読者は「空所」を埋めてセグメントを結合させる意志を持てない。何らかの作品構造を可能性として感じるからこそ、読者は「空所」を想像で補おうとする。したがって「空所」が読者を一定の条件に従わせる機能には必然性がある。

また、「否定」についてイーザーは次のように説明している。

「ところがテクストには、空所のほかに、相互作用を起こさせるための別の場もある。それはさまざまな程度の否定の可能性であって、テクストにおける特定の打消しに起因する。空所と否定は、それぞれ別個にコミュニケーション過程の展開を左右するが、読者を誘導する目的では協同効果をもつ。ところで、空所はテクストにおけるさまざまな叙述の遠近法の間の関係を空白のままにしておき、読者がそこに釣り合いを作り出すことでテクストに入り込むようにする働きをもつ。すなわち、空所は、読者がテクスト内部での均衡活動を行なう糸口となる。それに対して否定可能箇所は、読者に既知のことあるいは確定的な事柄を思い起こさせ、しかもそれを打ち消すようにする働きをもつ。打ち消されたといっても、それは視界に残り、読者は既知あるいは確定していることに対する態度を修正するように仕向けられる。」（『行為としての読書』291頁）

テクストに取り込まれた現実世界の価値や慣習は、本来のあり方と異なる関係構造に組み込まれるだけでなく、「否定」されることもある。もしくはテクストの構造上、「否定」される可能性を持つ。日常の自動化状態において、疑う余地もない当然のことと認識していた事柄がテクストによって「否定」される。それによって読者は「否定」された事柄を逆に注視するようになり、積極的に変革していこうとする態度を持つ。したがって「空所」や「否定」は、マイナスの刺激によって読者の能動性を引き出す働きをする。また本項冒頭部で示した「イメージ」は、「空所」や「否定」と密接な関係にある。イーザーは「イメージ」について次のように述べている。

「イメージはもともと空所の補填ないし、否定によって生じた真空状態の補充を行うべき性質のものだからである。」（『行為としての読書』387頁）

本項冒頭部において、「イメージ」による非現実体験が、その覚醒時に現実世界を新鮮な感覚で捉えるようになる作用を持つというイーザーの言説を引用した。そして、イーザーの「イメージ」が読者の恣意的な読みを許容しないことを述べた。それは、一定構造を可能性として持つ「空所」や「否定」などの不確定性に対して、その不足箇所の補填作用をイメージが持っていることに起因する。「イメージ」をテクストの機能と切り離して論ずることはできない。

次に、国語教育との関連に基づいて、「空所」や「否定」を検証する。

まず、イーザーの理論が虚構テクストを対象としているため、文学の授業にのみ応用可能ではないかという問題点が指摘できる。しかし、教室における生徒の「読み」を前提にするとき、「空所」や「否定」は論説文などにも応用可能である。特に高校段階の教材は難解であり、一般的な成人にとっても抵抗なく読み解くことは難しい。生徒達にとっては尚更である。すなわち教材は、虚構テクスト以外でも、生徒にとっては不確定性を持っていると言える。これはある程度当然のことであって、日常的な価値を超え、生徒の見識を豊かにする教材は、生徒の日常の判断基準に収まりきれない教材でもある。教材となるべき文章は、生徒達にとって未知の構造を持ち、それ故に読みの成立にある程度の抵抗があるのが自然である。生徒の日常の価値を反復するだけの教材は、生徒に一時的な快適さを与えるが、それは自動化された状態に他ならない。

難解な論説文などを読む時、浅い読みの段階では生徒が読みとることができる範囲は限られており、しかも文章のあちこちに散在している。難解な言葉や、難解な論理の箇所は生徒の意識では事実上の「空所」として残される。そして「空所」があるからこそ、生徒は教材を能動的に読み解こうとする。教師は、「空所」の存在を浮き彫りにし、それが全体を一定の構造に収斂させる可能性を秘めている点を暗示してやればよい。それが「触媒」としての教師の役割である。

私がここで提言したいのは、「空所」や「否定」のシステムはそのまま教科指導の方法として応用できるのではないかという点である。授業展開や発問などの方法的基盤として、不確定性の理論を応用できる。それはそもそも言語によって織りなされるテクストの理論であるが故に、教材の読解過程と授業展開とが、必然性なつながりを持つことを可能にする。この観点での具体的な実践の提案は次章において行う。

本節においては、文学理論を対象として、「内的世界」を構成する「意味・価値」システムを意識化する方法について考察した。

第一項においては、ロシア・フォルマリズムの「異化」の概念を引いた。理解を長びかせる難渋な形式によって語られる「異化」された詩句が、我々に「現実」を明視する態度を持たせる。

第二項においては、イーザーの『行為としての読書』を対象として、テクストが読者の「自己解明」を促進することを確認した。テクストに取り込まれた日常の価値や慣習は、本来の機能関連から切り離された結果として、相互の関連性に「空所」を生む。読者はその「空所」をイメージによって補填する過程で、自らが日常的に自明のこととしていた価値や慣習を検証し、再構成していく態度を持つ。

すなわち「異化」や「空所」は、個人に対して「内的世界」を再認識・再構成する態度を促す。

次節においては、第一章のまとめとして、国語教育における「現実認識」の枠組みを確定させる。これは第二章の実践分析の観点を絞り込む意図に基づく。

第四節　記号論・現象学を観点とした国語教育の枠組み―複数の他者の言葉をつなぐ―

本書の「はじめに」において、記号論・現象学を基にした言語観を「言語とは、単にコミュニケーションの道具であるだけでなく、人の心そのものであり、同時に人の認識する現実そのものである」と述べた。そのように定義づける根拠を、ここまで先人達の様々な知見を借りながら語ってきた。そのような言語観に基づき、言語によって織りなされる「現実」を読み解く力を培うことを、国語教育の一つの観点として提案するのが本書の目的である。本節においては、次章での国語教育実践の分析の枠組みを確定させる。

本書の冒頭で紹介したPISA二〇〇〇年の「落書き」に登場したヘルガとソフィアのコミュニケーションのあり方は、現代社会においてはありふれたものだ。インターネットの、Google や Yahoo! 等の検索エンジンは、知りたい話題について瞬時に膨大な量の情報を提供してくれる。また匿名を前提とした掲示板やツイッターなどのコミュニケーションのツールは、加工される前の生の情報を我々に伝えてくれる。それらは未加工であるが故に、時として通常メディア以上の情報のリアリティと伝達スピードとを持つが、その反面、信憑性に欠ける情報も多い。自分の主観的な意見を垂れ流すだけで話し合いとして機能していない「コミュニケーション」も多い。自分の立場から発言するだけのヘルガとソフィアの話し合いは平行線のまま結論が出ることはない。それらを受け止め統合する視点を見出すためには、「現実」を読み解く力が必要になる。インターネット上の様々な情報に対して、その全体をコンテクストとして「現実」を読み解くためのコードを探し出す。そのコードを鍵として複数の他者の主観的な視点をつなげ、その向こうにある「現実」を心の中にありありと思い浮かべ、再現する。つまり本書の観点はメディア・リテラシーとしての側面を持っている。

しかし、本書の目的はメディア・リテラシーそのものにはない。ごく日常的な教科指導の傍系的な観点を提案するところにある。本書で説明してきた「現実を読み解く力」は、目の前の現実をありのまま受け止めるということにほかならない。それはカウンセラーがクライエントの内的世界を受け止めることに等しい。ごく普通の国語の授業も、目指すところは教材テクストをありのまま受け止めるということであろう。その上で、自分の意見や発展性のある提案を生み出す力を培っていく。つまり本書で提案する観点は、通常の教科指導の延長にある。

「現実を読み解く力」を国語教育の立場から考えていくためには、教材というテクストの性格や、教室という場の機能を正確に捉えておく必要がある。

先に述べたように、教材は通常テクスト、虚構テクストを問わず、学習者はそれをありのまま受け止めるべきである。どのようなテクストであれ学習者の恣意的な読みを許容するものではない。前節の『行為としての読書』の分析の際に述べたように、ありのまま受け止めることは教材から我々への一方的な価値の伝達を意味しない。虚構テクストは、様々な既成価値を日常とは異なるコンテクストで配置し、それを読み解くためのコードを探し出すことを学習者に強いる。その作業の過程で、学習者は自分が無意識に使用していた様々な言葉、様々な価値を「明視」する姿勢を取り戻す。固定観念となっていたものが突き崩され、流動性を取り戻す。つまり教材テクストをありのまま受け止めることは、自己認識、現実認識を促し、新たな認識や発想へと学習者を誘う。これは虚構テクストのみにある機能ではない。国語教育の場で扱われる教材テクストは、発達段階として学習者の既得の価値を超えた内容レベルを持つ。この時、学習者にとって難解な内容箇所は、テクスト内の「空所」として働く。したがって学習の場においては、通常テクストも虚構テクストと同様の機能を持っている。教師はその機能が効果的に働くような学習者に対する働きかけをすればよい。そのような働きかけの具体的な実践のあり方を、次章において提案し、分析する。

次に、教室という場の機能を分析する。教室において学習者は一対一で教材テクストと対峙するわけではない。他の複数の学習者がそれぞれの立場から教材と対峙している。特に一つの単元の序盤においては、複数の学習者の複数の読みが教室という場に乱立しているような状態になる。（序盤から全員がすぐさま一つの結論にたどり着くような教材は、教材から学習者への一方的な価値の伝達を目的とした教材ということになり、本書の提案する観点の対象外である。）それぞれの学習者は、一見無秩序に配置された教材内の複数のセグメントに加えて、他の複数の学習者の複数の読みも受け止めなければならない。他の学習者の読みを無視するような学習展開は、一人一人個別に学習した方が良いということになり、教室という場の特性を活かせない。ここで他の学習者の読みを教材内のセグメントの結合可能性として利用する。どのような学習者のどのような読みでも、教材テクストの結合可能性の一つを示している。読みの一つ一つは、教材という「現実」を学習者の意識内に構成するのには不完全であったとしても、それらの読みが示す結合可能性が教材テクスト内の言葉の間にあるものである限り、それらは全体としてもつながり合う可能性がある。そしてそれぞれの読みの空所を補い合うことができれば、教材は学習者の意識内で一つの「現実」となることができる。つまり、他の学習者の読みを、一人一人の学習者の読解の際に積極的に活用させることをねらう。たとえ読解力のある学習者が、序盤から教師の意図する結論を読みとり、提示したとしても、それが教材テクストをありのまま受け止めたことにはならない。教材の論理構造の本筋から少し離れた傍系的な内容であったとしても、教材内のコンテクストの一部として、教材を読み解くためのコードを創り出す際に必要になるはずだ。つまり全ての学習者の読みは、教室という場における「現実を読み解く」学習の機能の一部として働くことができる。異なる立場の他者の視点を、むしろ教材という一つの「現実」をありと意識内に構成するために利用するのである。

学習者の意識内で、教材テクストを構成する複数のセグメントと、異なる他者の複数の視点がつながり合って一つのコンテクストを創り出し、教材を読解するためのコードを生み出す。その際、教材を構成する言葉の一つ一つが固定された（自動化された）辞書的な意味から離れて、教材という一つの「現実」を構成するのにふさわしい内容へと変化する。アクティブな状態になったそれらの言葉は、学習者それぞれに日常の現実を「明視」する態度を持たせ、さらには新たな視点、新たな発想の創出へと誘う。そのような観点で次章において、実践分析を行う。

第二章　記号論・現象学を観点とした国語教育実践

第一節　実践に関する予備考察 ―詩のリレー創作―

コンテクストを参照して言葉の一つ一つを「明視」し、認識の枠組みとなるコード（ラング）を意識的に再構成するという観点で、最も効果的なのは詩の学習である。表現としての学習活動であるが、読解における虚構テクストの機能についての予備考察として論じる。

第一章で述べたように、池上嘉彦氏は詩の効用について、惰性化した言葉の決まりの上に成り立つ日常の世界の中に対して揺さぶりをかけ、新鮮な言葉遣いの創り出す意味を、日常を超えるための踏み台とする、と説明している。そして「焔のつらら」という比喩を紹介している。詩を読む際も、詩を創作する際も、学習者は詩を構成する言葉一つ一つのつながりだけを唯一のコンテクストとして、読解や表現のためのコードを創り出す。

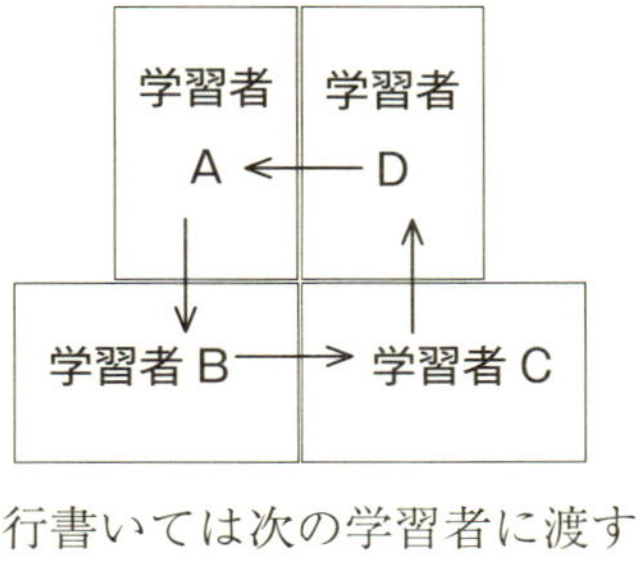

図３　４人班を用いた詩のリレー創作

平成十七年六月（中学校1年）に大分大学教育福祉科学部附属中学校で、四人班による詩のリレー創作を行った。まず四人で話し合って詩の題材を決める。一枚ずつ紙を持って、それぞれが一行ずつ書いて次の学習者に渡す。次の学習者は最初の一行を読んで、それに自分なりのストーリーを考え、一行追加してまた次の学習者に回す。次の学習者もそこまでの二行を読んでさらに自分なりのストーリーを考えて、さらに一行付け足す。そうやって、三回紙を回すと、四行詩が四つ完成する。学習者にはあらかじめ「焔（炎）のつらら」の話をして、言葉の非日常的なつながりを生み出すことを意識させた。特に最初の一行は後の展開をおもしろくするためにも「言葉のつながりを壊して、後の三人を困らせよう！」と指示している。四人班を用いた理由もそこにある。学習者個々に詩創作をさせる学習をすると、個性あふれる作品を生み出してくる例もある一方、歌謡曲など様々なメディアから既成の表現を借りてきてしまうような例も生まれやすい。「惰性化した決まりの上に成り立つ日常の世界」に対して「揺さぶり」をかけるために、他の三人の学習者の認識を利用するのである。他の学習者が提示する言葉を受容し、そこにコンテクストを見出す過程で、作品創作のための独自のコードを創り出す練習をするのである。

このような学習活動において学習者の内面にどのような意識が生まれているかについて、いくつか作品を挙げて分析する。

「えん筆」
黒い化物
私たちのもとへとやってきて
学校中が真っ黒
そうじにこまった

「えん筆」という詩では最初の学習者が中学一年らしい想像力を働かせて、「黒い化物」という表現を書いてきた。二番目の学習者は「化物」という言葉から自分たちを襲うというイメージを思いつき、三番目の学習者は「黒い化物」の暴れ方を連想し、最後の学習者が「そうじ」という結末を作っている。言葉がそれぞれの学習者によって追加されるに従って、学習者の内面でコンテクストが形成され始め、「えん筆」に関する新しいコードが生まれつつある様子がはっきりわかる。完成した作品は、「そうじ」という日常的なイメージに帰ってきており、違和感もない。他の学習者の言葉につながりを見出す過程で「えん筆」自体を明視しようとする姿勢が生まれた結果とも考えられる。この詩に限らず、ほとんどの作品がまるで一人の学習者が創作したかのようにきちんと落ちがついていた。


「えんぴつ」

ある日、背が高いそいつは旅に出た!!

シャープペンシルをおともにつれて。

消しゴムもおともにつれて。

なにをするのか、ずっとなやんだという…。


右の「えんぴつ」は、同じ班の別の作品である。最初の学習者が、指導者の指示通りに他の学習者を困らせるような一文を書いてきた。本人は鉛筆が床に転がったイメージを書いたのかも知れなかったが、二番目の学習者が「シャープペンシルをおともに」してしまったので、三番目と四番目は、日常的なイメージに戻ることを諦めて、作品内のコンテクストだけに頼って作品を作っている。特に四番目の「ずっとなやんだという…」という言葉は、現実の「えんぴつ」のイメージに近づけることを放棄した学習者の心中の吐露であるかも知れない。


「つくえ」

つくえがあるく。

机はあるかない。

つくえはたっている。

イスとともだち

右の「つくえ」からも、他の学習者の言葉に認識を揺さぶられる様子がはっきりとうかがえる。最初の学習者の「つくえがあるく」に対して、二番目が文脈を作ることそのものを放棄して「あるかない」と言葉をぶつけてきた。三番目が「たっている」と、かろうじて「あるかない」につなげたところで、四番目がその根拠として「イスとともだち」とまとめている。四番目の学習者は「机が歩きたいけど歩かないのはイスがともだちだから」と机に関する新しいコードを創出している。机と椅子の機能面から考えても、この結末にも違和感はない。

「空」
空がないた
嵐がきたように人々は息たえた

するとナのわれめから
植物の芽が出てきた。

最後に「空」を紹介する。最初の学習者が「空がないた」という「雨」を連想させる比較的わかりやすいイメージからスタートしている。それに対して二番目が「泣く」ことの悲しいイメージを大幅に増幅してしまった。三番目がどのようなイメージをもって「土のわれめから」という言葉をつないだのかは不明である。「息たえた」という直前の言葉から怪物の出現でも暗示しようとしていたのかも知れない。しかし四番目がそれら全ての言葉をつなげて「植物の芽」を登場させ、全ての言葉を「空がなく」ことで生命を育む「雨」のイメージに向かわせている。

コンテクストを参照して新しいコードを創り出す学習活動の例として、四人班による詩のリレー創作を紹介した。「惰性化した決まりの上に成り立つ日常の世界」に対して「揺さぶり」をかけることで、対象世界を理解するための新しいコードの創出を促す虚構テクストの機能は、こういった学習に限らず、日常の様々な学習活動にも内包されている。指導者がその観点を意識することで、虚構テクストの機能を効果的に発現させることができる。特に創作活動は、言葉の一つ一つがつながり合いせめぎ合う場に、学習者が確実に立ち会うことができる。四人班によるリレー創作が言葉のせめぎ合いを増幅する。異なる背景を持つ複数の他者が提示する言葉の一つ一つを紡ぎあわせてストーリーを考える過程で、自らの創り出す作品世界を理解するためのコードが創出されるのである。それは日常のコミュニケーションにおいて、自分と異なるものの見方をする他者の言葉を受容する過程にも似ている。

第二節　教材『羅生門』の授業実践―キーワード探し・キーワードつながり探し―

一　授業の観点及び概要

この節で報告するのは、論者が現代文の授業の際に日常的に実施している取り組みである。雑務に追われる日常にあっても、比較的簡便に準備できる利点もあり、十五年以上に渡ってほぼ全ての教材で実施し続けている。

前節で述べたように、虚構テクストの機能は散文教材、さらには評論教材にも見出すことができる。単元導入段階における「キーワード探し」と、そこから発展する様々な学習活動が、教材に内包された虚構テクスト的構造を機能させる。それが学習者のコンテクスト参照能力を高めることにつながる。

未知のコードを持つ教材に対する時、学習者は日常のコードを使用する安心感から引きはがされる。全ての学習者にその苦痛と対決する能動性を期待するのは教育現場の実情として非現実的である。したがって教材内の「虚構テクスト的構造」との出会いを補助するのが指導者の役割の一つとなる。その具体的な実践の一つが「キーワード（心情表現）探し」及び「キーワード（心情表現）つながり探し」である。授業の導入段階において以下の定義に基づいて、学習者にキーワードをランダムに抽出させる。黒板一枚を教材本文全体に見立てて、それら全てを板書していく。

《キーワードの定義》

1　本文中に何度も繰り返し登場する言葉（表現）
2　段落をまたがって使われている言葉（表現）
3　同じ意味を持つ異なる言葉（表現）
4　一度しか使われていなくても、文脈上重要な意味を持つ言葉（表現）

《心情表現の定義》

1　「うれしい」「悲しい」等、直接的な心情表現
2　「漁船が寂しそうに並んでいた」等、間接的な心情表現

「キーワード」の意味は本来、4の「文脈上重要な意味を持つ言葉（表現）」であろう。しかし、学習者は「繰り返し使われる言葉」等の視覚的に特徴のある言葉に注意が向きやすい。その状態のままではまだコンテクスト参照能力が機能しているとはいえない。キーワードが抽出されて黒板上に並べられる過程で、黒板上に言葉と言葉の非日常的なせめぎ合いが起こり、それがコンテクストを創り出す。それを参照した学習者の心の中に、作品のコードを探り出して教材を読み解きたいという欲求が生まれる。いわば黒板上に詩的空間が生まれるのである。（つまり「空所」が機能し始める。）

言葉の一つ一つはその言葉が使われている前後の小さな文脈の中に埋め込まれたようになって、一読しただけでは虚構テクストとしての機能が働きにくい。それをあえてセンテンスから引きはがし、黒板上に並べることによって、教材全体のコンテクストを学習者が参照しやすいようにする。

このような観点から平成二十六年の五月～六月に大分県立日田高等学校において教材『羅生門』の心情表現探

しを行った。心情表現探し自体は『羅生門』を学習する際の定番的な活動であるが、「キーワード探し」と同様に、一枚の黒板上に抽出された順番にランダムに心情表現を並べていくことで、それぞれの表現がせめぎ合い、虚構テクスト空間を創り出す効果をねらった。

『羅生門』は様々な教材価値を持つ作品である。例えばエゴイズムについて学習者に考えさせるといった定番的な学習もある。「キーワード（心情表現）探し」によるコンテクスト参照能力の強化は、教材の他の学習価値を妨げることなく、いわば学習の傍系的な目標として機能する。

『羅生門』は小説としては語り口が論理的であり明晰な文体を用いて書かれているが、虚構テクストとしての機能も高い。例えば中盤のキーポイントである「六分の恐怖と四分の好奇心」は、日常的なコードでは「恐怖」はマイナスの心情、「好奇心」はプラスの心情として分類されるところであろう。本来異質な二つの心情が、一つの精神状態として表現されている。同様の「詩的つながり」は作品全体に無数に存在し、その多くは作品全体を俯瞰した時に初めてその姿を現す。「六分の恐怖と四分の好奇心」自体、他の心情表現とつながり合って、さらに作品全体のコードの一部となっていく。そのように作品を読み解くためのコードが生み出されていく様子を、実際に行われた授業展開に沿って分析していく。

この時、学習者に対して作品専用のコードの創出を促すのが、指導者の言葉である。指導者自身も作品を解読するための明確なコードを準備し、黒板上にキーワード（心情表現）が並べられる過程で、板書の状況に応じてコードの存在を暗示していく。黒板上に一見無作為に並べられた言葉の一つ一つにつながりがあることを、学習者に意識させる。『羅生門』においては、指導者は「自らの葛藤を解消するために無理に心の中に創り出した『あらゆる悪に対する反感』に逆に振り回され、最終的には自分を支えていたほんのわずかな良心さえ吹き飛ばされてしまう主人公」という解釈に基づいて、言葉のつながりについての暗示を行った。

指導者の側からの恣意的解釈の一方的な伝達で終わってしまっては、学習者の意識に新しいコードを生み出そうとする能動的姿勢を促すことはできない。高校の学習教材として定番中の定番である『羅生門』は、様々な学習価値を持ち、多様な作品分析がなされている。その一つに過ぎないような指導者の解釈を、作品読解のためのコードとして学習者に対して小出しに暗示していくことになる。この時、一方的な伝達にならないよう、実践においては指導者の持っているコードにも学習者が抽出してくるキーワードによってその都度変更を加える。つまり、キーワード探しという学習活動の過程で、学習者と一緒に作品読解のためのコードを創っていくのである。（時には指導者の用意していたコードに大きな変更を加える必要が生まれることもある。その場合は予定していたその後の授業展開をも大きく変更する。もちろんこれは教材分析が浅かったということでもあり望ましいことではない。）

指導者も教室という場におけるコンテクストの一部である。むしろ学習者自身にそういった意識が強いケースが少なくない。指導者の読みに依存し、安易に「答え」を求めようとする学習者の心を逆に利用して、指導者の暗示情報によって教材の言葉一つ一つに向かわせ、学習者個々の内面における教材読解のためのコードの創出を促す。

「キーワード探し」のあと、四～五人班、一つクラス九班前後で「キーワードつながり探し」を十分程度話し合わせる。話し合いの後に班別に発表させ、一つ一つ黒板に「つながり」を図示していく。これはキーワード相互のせめぎ合いを意識的に行わせ、黒板上の「空所」の機能が効果的に発現することを狙った学習活動である。さらにこの活動には、教室という場の多数の他者の視点を参考にすることで、教材という一つの「現実」を読み解く姿勢を身につけさせるという狙いもある。

前節で紹介した「詩のリレー創作」においては、他の学習者の提示する言葉につながりを見出し、ストーリーを考えようとすることが、コンテクストを参照して新しいコードを創り出す能動的姿勢を促した。「キーワード探し」においては、それぞれ本文中の文脈から切り離され、無作為に並べられたキーワードによって黒板上に虚構テクスト空間が生まれる。その全体をコンテクストとして、それを読み解くためのコードを創り出す姿勢を学習者の内面に創り出す。指導者は、キーワード間につながりがあることを暗示し、黒板上の虚構テクストの機能が発現しやすいように働きかける役割を担う。次項において、その具体的な実践の有様を分析していく。

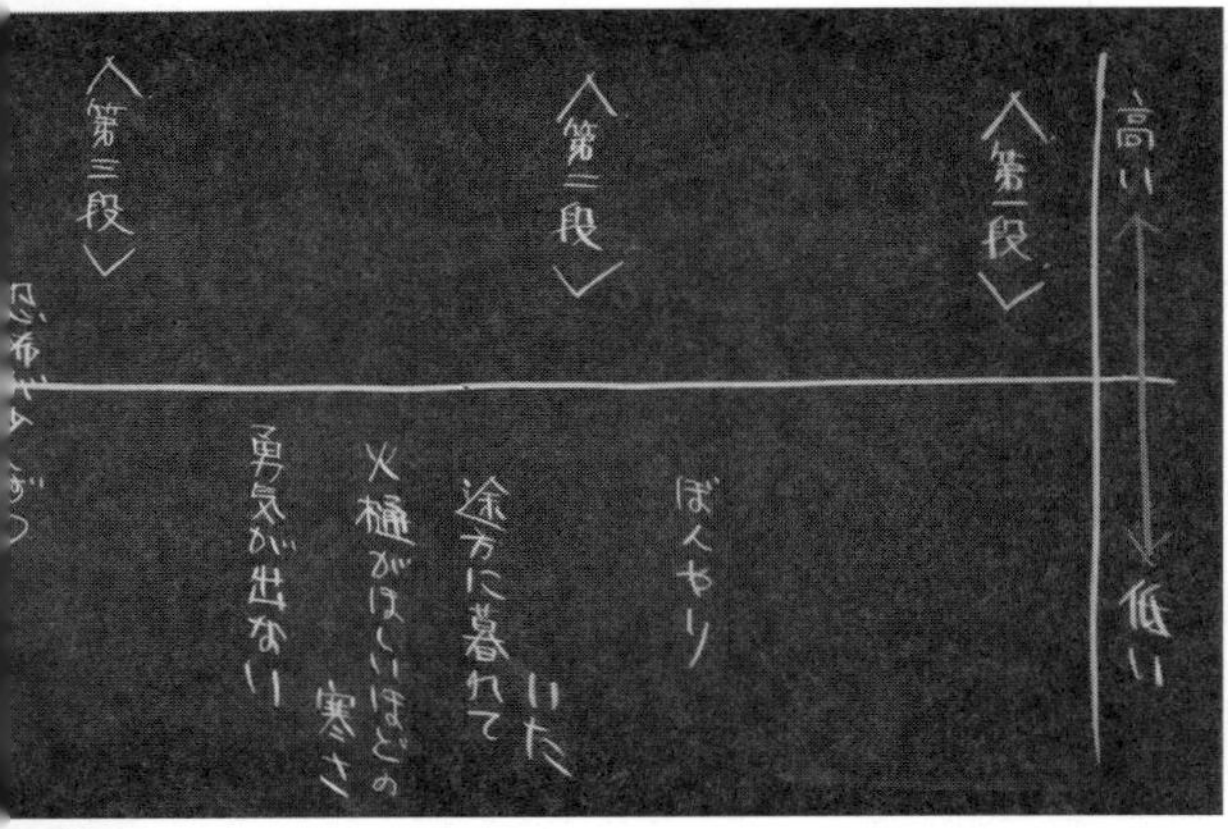

図a

二　授業の実際
―一時間目―

①指導者による教材全文の朗読
②段落の指示
③学習者各自のキーワードの抽出（教科書への書き込み）

一時間目の授業内容は教材の文字量によって異なってくる。単元の最初は教師の全文朗読から始まる。文字量の少ない教材であれば、五十分の授業で「キーワード探し」から「キーワードつながり探し」まで実施できる。本来ここまでを一時間で終わってしまうのが望ましい。しかし『羅生門』のように朗読だけで十五分程度必

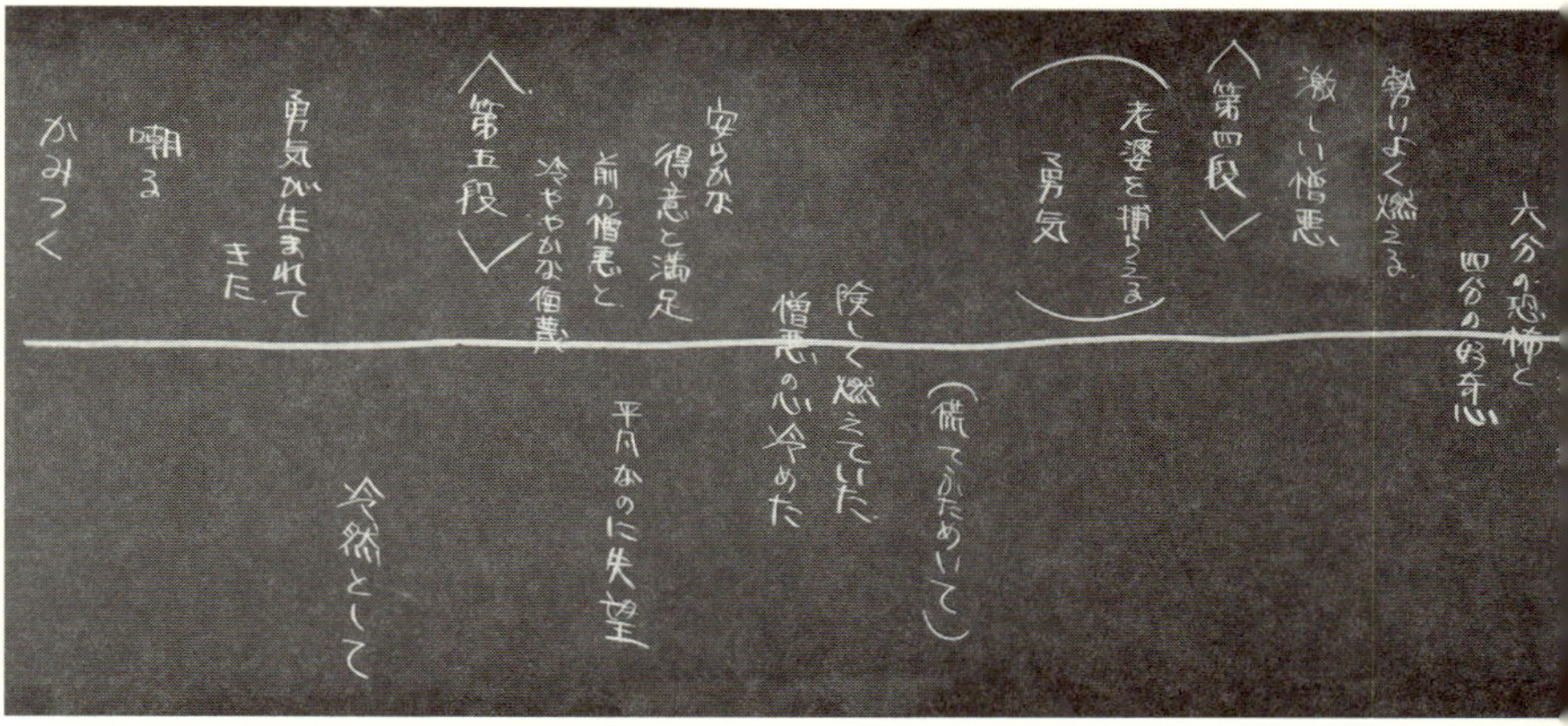

要な教材の場合、一時間内には収まらない。そのような場合は、一時間目に朗読から学習者の個別の学習活動としての「キーワード探し」までを行い、二時間目の頭でキーワードの発表から「つながり探し」までを実施する。または、一時間目に朗読からキーワードの発表までを一息に実施する方法もあるが、その場合は次の時間の最初に、黒板上に抽出されたキーワード群（図ａ）を全て再現しなければならない。「キーワード探し」の際の学習者の内面の心の動きはそのまま「つながり探し」に繋がっていくので連続した学習が望ましいし、キーワード群を再現するのは指導者の負担も大きい。そのような理由で、ここでは前者の授業パターンを説明していく。（実際には後者のパターンになることも多い。）

学習者個々の「キーワード（心情表現）探し」は、教科書に直接書き込んでチェックさせる。ノートに書き抜く方法もあるが、その後の発表の際の黒板上のキーワード群と役割が重複する。「つながり探し」の際に、黒板上の虚構テクスト構造と、学習者の手元のキーワードをチェックしたテクスト本体とを比較する効果も狙える。また学習活動自体はシンプルな方が、テクスト本体と対峙しやすいはずである。そのような観点で、学習者に直感的にどんどん教科書にチェックを入れさせる。

説明文教材のキーワードは「何度も出てくる言葉」等の観点になるが、小説教材のキーワードは「心情表現」となる。「漁船が寂しそうに並んでいる」等の例を挙げて、ほんのわずかでも心情に繋がる可能性があるものを直感的に抽出するよう指示する。


―二時間目―

①キーワードの発表（発表順に板書）
②キーワードの「つながり」について班で話し合い
③「つながり」を班別に発表（発表順に板書）

前の時間に学習者各自でチェックしておいたキーワードを発表させる。黒板全体に仮に設定した段落番号を空間的にバランスよく配置しておく。多くの教材はそれだけの準備でスタートするが、『羅生門』の授業では「主人公下人が自らの感情に振り回される様子」を効果的に演出するため、縦軸に感情の強さ（テンション）を設定して、キーワード（心情表現）の発表者に「その心情は高いか低いか？」と確認しながら板書していった。

発表の直前に指導者は、「私が気がついていないキーワードを教えてくれたら、それによって後の授業内容が変わるかも知れないよ。」等の言葉で発表を促す。学習活動自体はシンプルで学習者の精神的な負担が軽いものなので、大抵は特に待つ必要もなくどんどん学習者の手が挙がる。

発表の際に指導者は、一つ一つのキーワードについて既に黒板上に並べられているキーワードとのつながりの暗示情報をアドリブ的につぶやく。

図aの板書中、指導者も気づいていなかった心情表現は、第二段の「火桶がほしいほどの寒さ」である。このキーワードが出た時、既に黒板上には第三段の「勢いよく燃える」が抽出されていた。（これは下人の「悪を憎む心」に関連する表現である）。指導者は「これは他の段落の心情と関係があるのかな。」と発表者に問いかけ、「勢いよく燃える」とのつながりを確認している。このケースのように、キーワードのつながりについての暗示情報は、指導者の単独のアドリブであるケースと、学習者と指導者の言葉のやりとりの中から自然に生まれるケースとがある。

本書においてこれまで述べてきたように、ここでの「つながり」は、あくまでもテクスト中のセグメント相互の結合可能性に過ぎない。単元の導入段階において学習者が教材テクスト全体を俯瞰するための手がかりでしかない。したがって作者の意図や定番的な教材解釈にとらわれることなく、自由な発想でキーワードを抽出し、黒板全体すなわち教材テクスト全体の「つながり」を複数の学習者の視点を取り込みながら増やしていく。

キーワードが黒板上に並んでいくにつれ、キーワードが抽出されている段落とそうでない段落とのコントラストがはっきりしてくる。キーワードが抽出されていない箇所が、視覚的に「空所」として機能する。指導者は「この段落はまだキーワードが出てないな。」とつぶやくこともあるが、大抵は学習者の側に「空所」を埋めようという意識が既に生まれており、活動の終盤には黒板全体の密度がほとんど均一になるように自然にキーワードが抽出されていく。

ある程度黒板がキーワードで埋まってきたら、次の活動に移ることを宣言する。四～五人班、四十人学級で全九班を作り、キーワード間のつながりについて十分程度話し合わせる。話し合いの前に次のような条件を指示した。

・つなげるキーワードは二つが基本で、三つまで可能とする。
・「つながり」は班で複数探す。（発表するのはその中の一つ）
・他の班が考えてなさそうな意外な「つながり」を発見する。
・できるだけ板書されているキーワードを使うが、一つまでなら追加しても良い。
・離れたキーワード間のつながりがおもしろい。

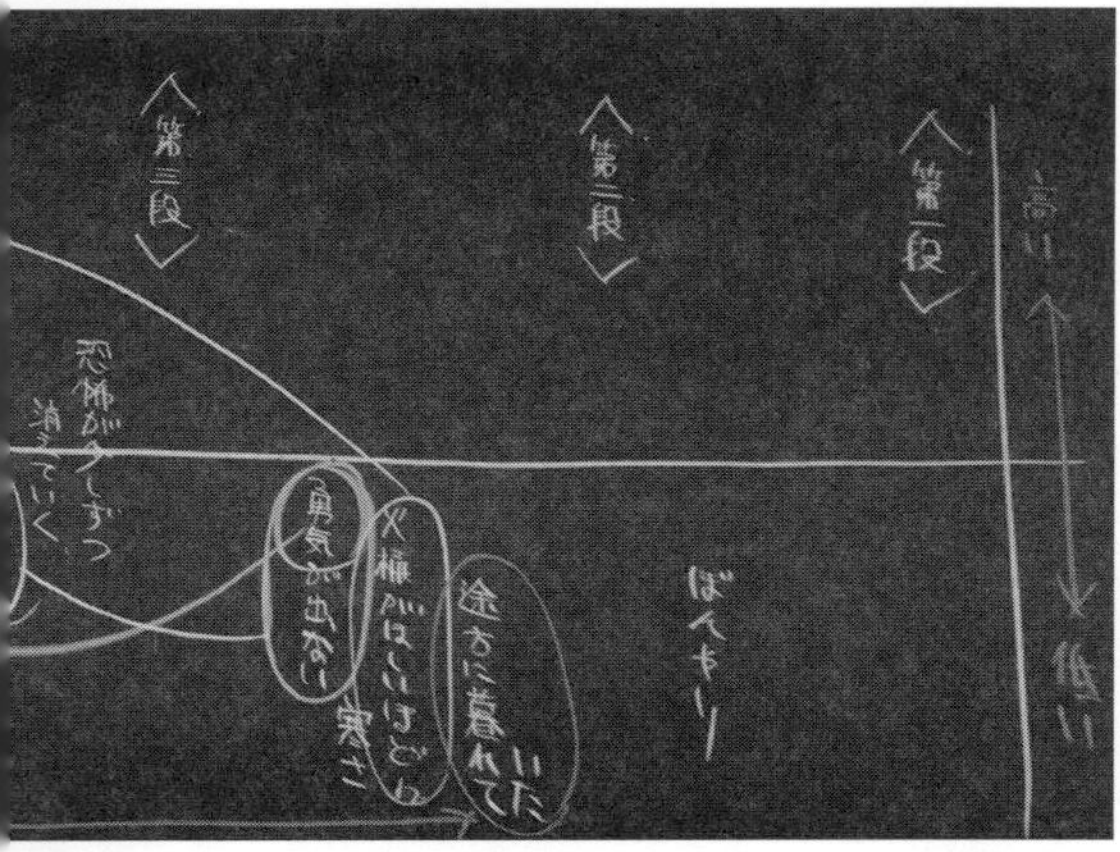

図A

つなげるキーワードの数を制限したのは、キーワードを多くすると一つの「つながり」だけで一文に近くなり、それ自体単独で内容的に完結してしまって、黒板上の全体的な虚構テクスト構造をかえって弱めてしまうからである。また、全ての班が発表し終わった後の最終的な黒板全体の「つながり」が、複雑になり過ぎてしまうこともある。

話し合いが始まると、多くの学習者がまず顔を上げて黒板を眺め始める。黒板上の「つながり」を探し始める。それから雑談をしているような雰囲気でアイディアを出し始める。指導者は机間巡視しながら良いアイディアを聞き出しては「それは面白いね。」と声を

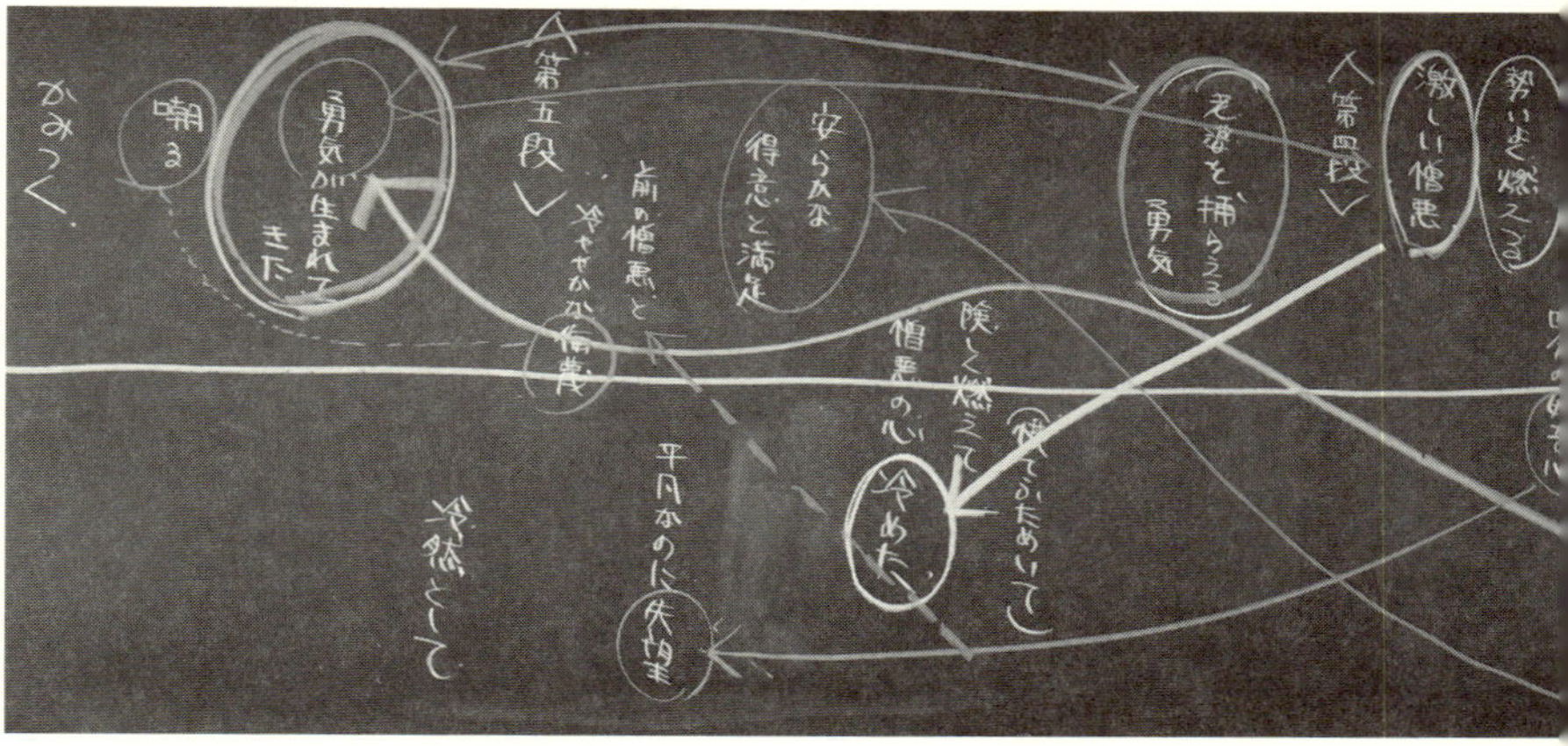

掛け、話し合いが盛り上がるように働きかける。

十分後に全ての班がアイディアを出し終わっていることを確認すると、班別の発表を始める。発表の際、「そのこころは？」と発表者に問いかけ、そのアイディアがどのような「つながり」かについて説明させる。

評論等の繰り返し出てくるタイプのキーワードであれば、指導者のアドリブで黒板上の複数のキーワードの一つを選んで「つながり」を図示していく。既に黒板上に図示されている「つながり」との関係をある程度考えながら、全体にバランス良くなるような位置のキーワードをつなげていく。できるだけ遠く、できるだけ隙間が埋まるようにという基準で繋げるとスムーズで時間を取らない。小説教材である『羅生門』の場合、キーワードが心情表現であり、それぞれ一つずつであるため、指導者があれこれ迷う必要はない。

「つながり」を板書する際、適当にチョークの色を変える。瞬時に「つながり」の質を判断してその傾向ごとにチョークを使い分けることもあるが、同じ色の「つながり」が近くなりすぎないという基準で判断することが多い。その方が「つながり」一つひとつが学習者にとって見やすくなるからである。

図Aの板書における「つながり」を分析していく。
黒板上には大きく三つの「つながり」が生まれている。

①「勇気」に関するもの
…「勇気が出ない↓勇気が生まれてきた」「勇気が出ない↓恐る恐る」「老婆をとらえる勇気↓勇気が生まれてきた」
②気持ち（テンション）の上下に関するもの
…「火桶がほしいほどの寒さ↓勢いよく燃える」「途方に暮れていた↓安らかな得意と満足」
③「悪」に対する受け止め方に関するもの
…「激しい憎悪↓冷めた」「好奇心↓失望」「好奇心↓侮蔑」「侮蔑↓嘲る」

教材の最初と最後に出てくる①の「勇気」は、下人の心情の核とも言うべき「つながり」である。教材としての『羅生門』の定番的な学習ポイントと言える。羅生門において「勇気」という言葉は、「盗人になることを積極的に肯定する勇気」と「（あらゆる悪の象徴としての）老婆をとらえる勇気」の二つの意味で使われている。これは教材文中の記述にもあるように「全然、反対の方向に動こうとする勇気」である。前章において説明した本書の言語観は、コンテクストを参照することで言葉の意味を支えるコード（ラング）の変化を意識的に行うところにある。そのような観点の学習活動として、この異なる「勇気」の対比は最適であり、『羅生門』が本書の枠組みに適した構造を持つテクストであることが分かる。
また「勇気」に関する「つながり」のうち「勇気が出ない↓恐る恐る」は、単に行動に消極的な主人公の姿を浮き彫りにするだけでなく、教材冒頭の苦悩する下人の内面と羅生門の楼の内で起こる出来事がつながり合っている—結合可能性を持つ—ことを暗示する効果がある。このような結合可能性が作者が意図したものであるか、そのような解釈が存在し得るかどうかはここでは問題にならない。なぜなら先に述べたように単元の主目標が作品全体を俯瞰的に捉え、言葉の全てのつながりを一つのコンテクストとして、それを参照することによって教材を読み解いていくことにあるからである。実際、楼の中での出来事に並行して、「飢え死に」「盗人になる気」等の言葉が語られており、読解が進むにつれ楼の内と外の出来事は自然につながり合っていく。

①の気持ち（テンション）の上下に関する「つながり」も、羅生門の内と外とを下人の内面世界という観点でひとつながりにする効果を持っている。「火桶がほしいほどの寒さ↓勢いよく燃える」は、不遇の運命に落ち込んでいた下人が、内面の葛藤を目の前の現実に無意識に投影し、正体のわからない老婆を悪の象徴と見なすという結合可能性を持つ。「途方に暮れていた↓安らかな得意と満足」は、不安に揺れていた下人の心が、悪の象徴としての老婆を捕らえることで内面的な落ち着きを取り戻すという結合可能性を持つ。

①の「悪」に対する受け止め方についての「つながり」のいくつかについては、指導者が気がついていないものだった。教材前半の「六分の恐怖と四分の好奇心」中の言葉である「好奇心」は、指導者による教材分析の段階では単に「恐いもの見たさ」といったような教材全体のコンテクストとは直接関係がないレベルに留まっていた。学習者が班の話し合いで考え出したアイディアである「失望」「侮蔑」とのつながりによって、そこに「盗人という悪に身を堕とす自分の運命に対する興味・関心」という結合可能性があることに気づかされた。「侮蔑↓嘲る」というつながりにも「自らの死という運命さえ選択肢の一つとさせていた虚仮威しの『悪』に対する反動的なさげすみ」という結合可能性がある。先に述べたようにこのような解釈—結合可能性—を実際に学習対

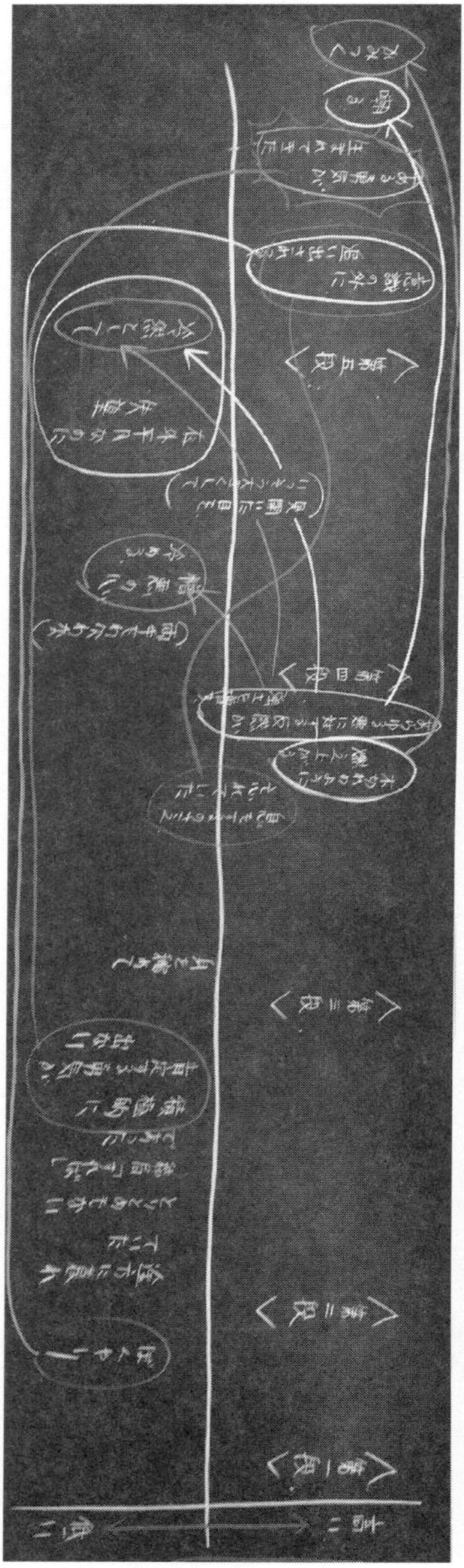

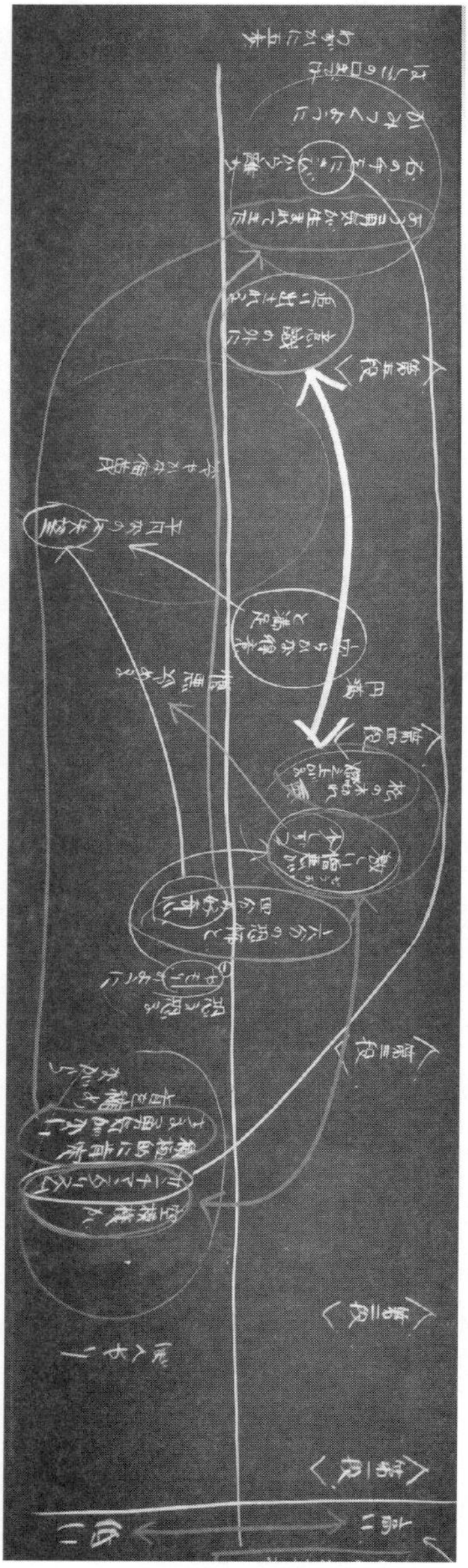

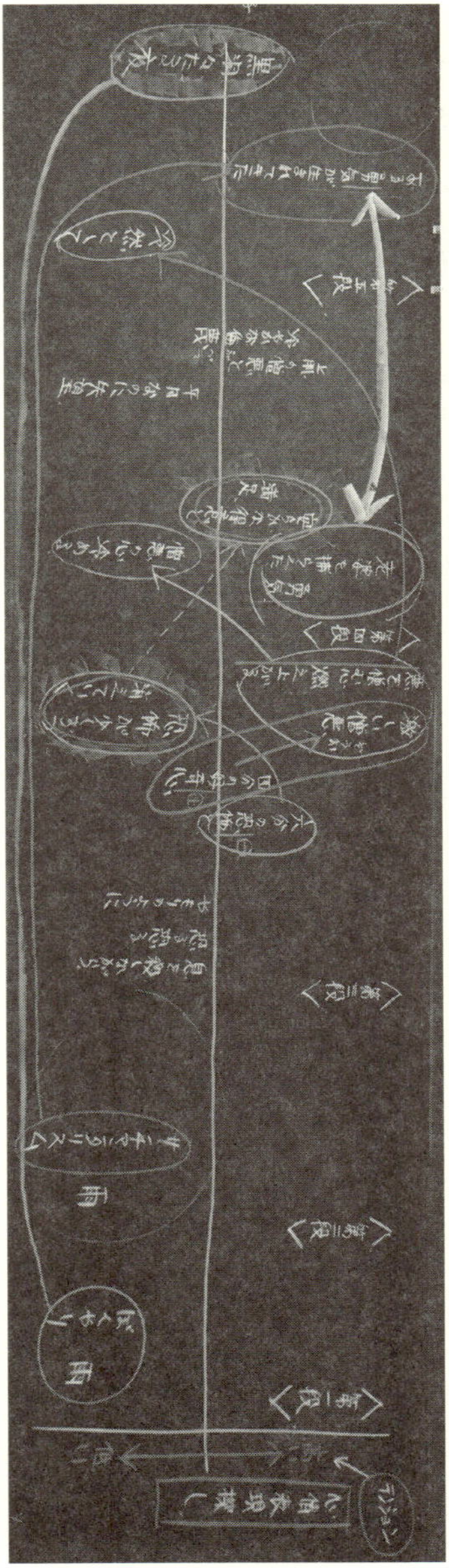

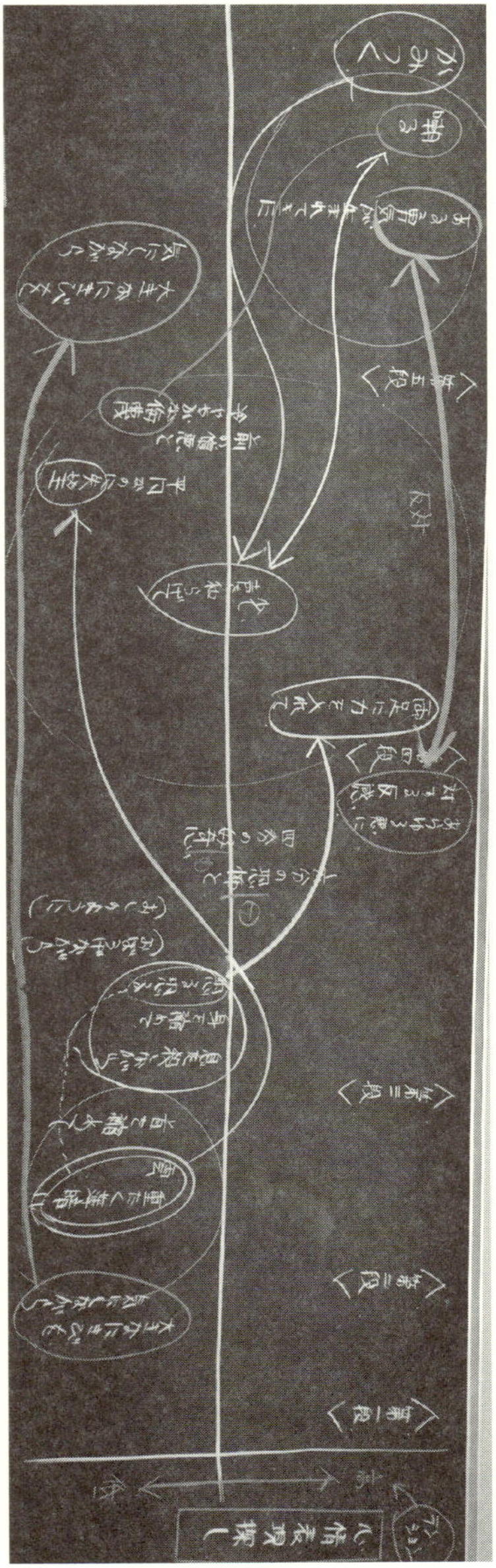

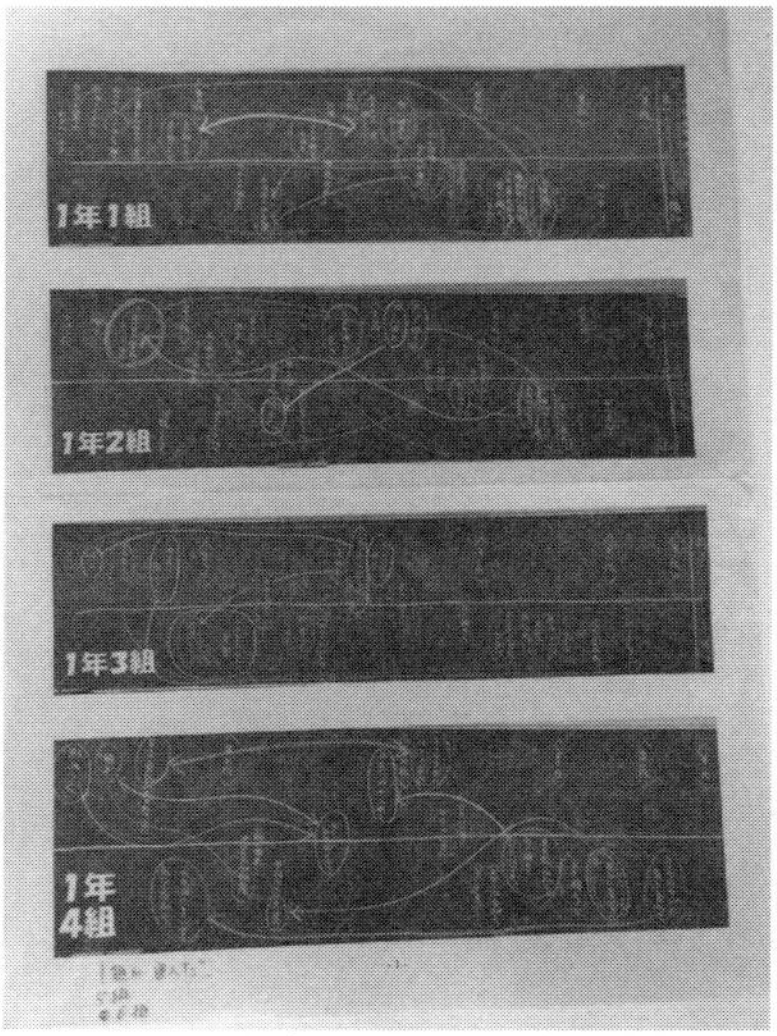

配布プリント（全クラスの板書）

象とするかどうかは副次的な観点でしかない。これらの「つながり」は教材テクスト全体を俯瞰的に捉えるという学習目的には十分適している。重要なのは、学習者から抽出された様々な「つながり」が、単に多様な意見として拡散するに終わらない点である。これら一つひとつの「つながり」が黒板全体としてのコンテクストを創り出し、作品を読み解くためのコードを探す姿勢を学習者個々に与える。いくつかのキーワードが複数の「つながり」の結節点として機能し、黒板上のキーワード全てがつながり合うこともある。また、たとえ班から出された「つながり」全てが直接はつながり合わなかったとしても、近接した「つながり」や、近似したパターンを持つ「つながり」が間接的につながり合って、黒板上に虚構テクスト空間を創り出す。それがテクスト内の言葉一つひとつを「明視」しようとする学習者の姿勢を引き出す。それらのキーワードの教材テクスト中における意味、さらには教材テクスト全体の構造を読み解いて、作品を一つの現実として受け止めようとする態度が生まれてくる。このような姿勢・態度は、日常生活において、様々な他者の言葉、様々な情報を統合する視点を見出すことで「現実を読み解く」あり方と同等である。

　授業の最後に黒板全体を眺めながら、指導者として感想を述べることもある。『羅生門』においては、「勇気」というキーワードに対して、黒板上の全てのキーワードがその変化に何らかの関わりを持っていることを強調した後に授業を終えている。

―三時間目〜五時間目―

三時間目〜五時間目は、発問をフローチャート式に板書していくタイプの授業を実施している。キーワードについては、それぞれのキーワードに関連する記述が学習対象となった時に、振り返るように話題にしながら授業を進めていく。本単元においては、担当した一学年六クラス全ての「つながり探し」の最終的な板書を撮影し、B４一枚の表裏に印刷して全員に配布した。それを随時確認しながら授業を進めていった。例えば下人の様々な心情を象徴している「にきび」というキーワードは、六クラス中一クラスしか抽出していなかった。その意味を発問として学習する際、板書プリントによって他のクラスにも紹介することで、学習者個々が参照可能な他者の視点を、一学年全てを対象としたものに拡大することができた。

（質問１）「広い門の下には、この男のほかに誰もいない」とあるが、その理由を説明せよ。（複数解答の箇条書き）

これは物語の背景を確認する問である。単元の最初に設定した意味段落第一段の内容（下人の内面が語られる直前まで）を要約する目的に基づく。導入の問としては「大きな丸柱に、きりぎりすが一匹とまっている。」を対象として、下人の孤独感や、そのような閑散とした状況が生まれた理由を確認していく方法もある。

（質問２）下人の人物像を簡潔に説明せよ。（複数解答の箇条書き）

これも背景や人物設定などの物語の基本事項を確認する問である。教材テクスト中、何度も登場する「にきび」

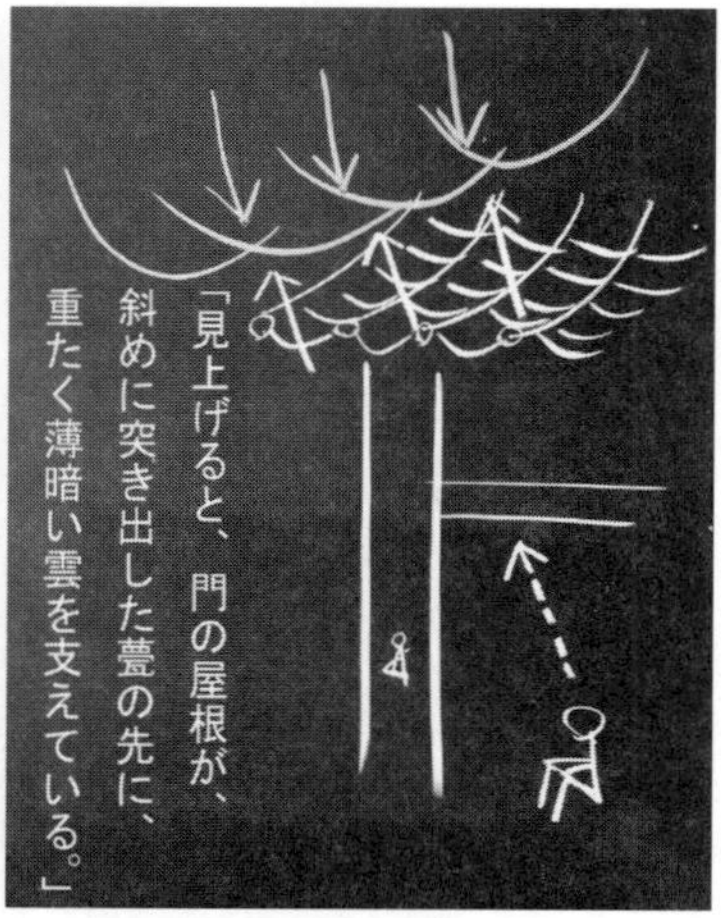

羅生門を見上げる下人

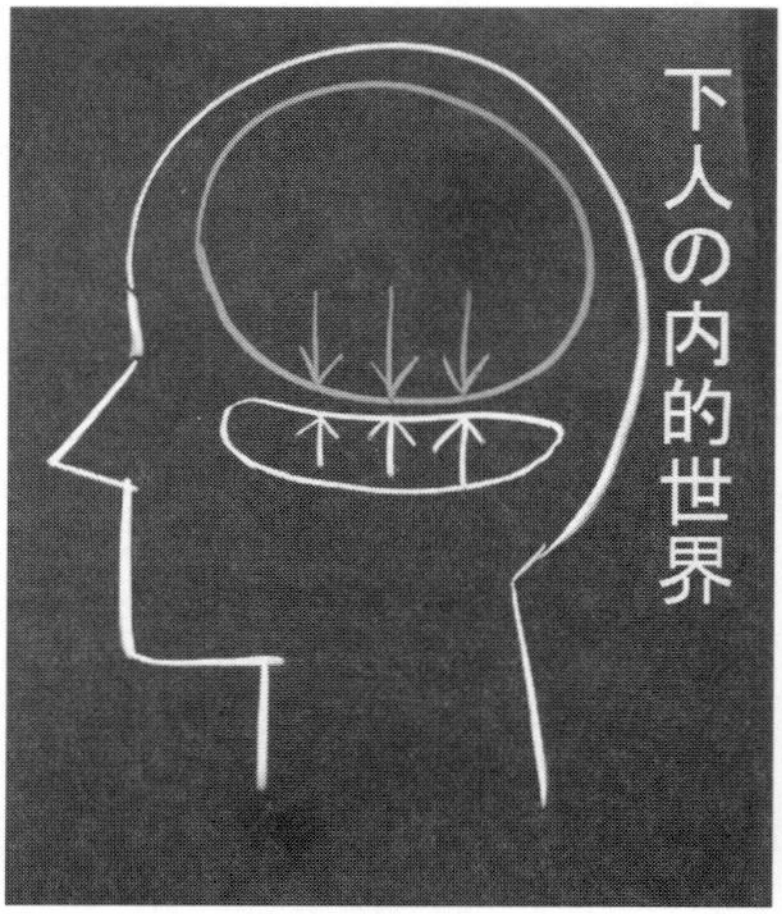

下人の心（その⓪）

を意識させる意図もある。「全クラス板書プリント」を使って、「にきび」を心情表現として捉えたクラスがあることを紹介し、「にきび」というキーワードそのものと対峙する態度を促すと同時に、教材テクスト全体の構造を意識させている。

【発問二】「夕闇はしだいに空を低くして、見上げると、門の屋根が、斜めに突き出した甍の先に、重たく薄暗い雲を支えている。」とあるが、この一文までの内容を参考に、この表現に込められた意味を簡潔に説明せよ。（解答例・心の中で自分を押しつぶそうとする重く暗いものに下人が耐えているという意味。）

多くの教科書が、同様の設問を採用している。本書においては、本節冒頭で述べたように「自らの葛藤を解消するために無理に心の中に創り出した『あらゆる悪に対する反感』に逆に振り回され、最終的には自分を支えていたほんのわずかな良心さえ吹き飛ばされてしまう主人公」という解釈に基づいて、教材テクスト全体の構造を暗示的しながら授業展開していく。その最初のきっかけとなる発問でもある。この一文についても一クラスがキーワードとして抽出しており（図D）、「全クラス板書プリント」を使って、心情表現として解釈できるということと、他のキーワードとつながり合う可能性を持つことを紹介している。

またこの発問は解答に様々な解釈が成り立つ。そのような発問の多くは班活動を使って話し合わせ、全ての班にその結果を発表させている。もし教材全てのキーワードと矛盾しない結合可能性のアイディアを提案してくる班がいれば、それ以降の授業展開にその意見を反映させることも検討すべきである。本単元においては、「キーワード探し」の段階から多くのキーワードが下人の内面とつながりを持っているという共通理解が成立しており、授業展開に特別大きな変更を迫られるような意見は出てこなかった。

（質問3）「この『すれば』は、いつまでたっても、結局『すれば』であった。」とあるが、具体的にどういうことか、本文内容に即して簡潔に説明せよ。（解答例・「盗人になるよりほかにしかたがない」ということを、積極的に肯定するだけの、勇気が出ずにいたということ。）

【発問一】の解答例中の表現である「（下人の心の中の）重たく暗いもの」の具体的な内容として設定した問である。「抜き出し」に近い問であるが、教材テクスト中の最大のキーワードである「勇気」に絡む設問であり、「全クラス板書プリント」を使って、全てのクラスが単元の最初の段階からそれを意識していたことを確認している。

【発問二】なぜ下人は盗人になることを「積極的に肯定」できずにいたのか。（複数解答の箇条書き）

本文中に明確な根拠がない問であり、記述内容にとらわれずに自由に想像していいという条件で班活動を使って話し合わせた。良心、正義、倫理観、理性等の心理が提案された。本単元においては全てのクラスで「良心」という解釈を採用してそれ以降の授業展開においても使っていったが、これは他の表現に置き換えても問題はな

下人の心（その①）

い。

この段階から、「下人の心」という題名の、下人の頭部をイメージした一連の板書がスタートする。これは羅生門の下から門を見上げた下人の心を象徴するイメージの延長にあるものであり、同じ構造を持つ図を描くことでそこに「つながり」があることを暗示する効果を狙っている。このようなイメージ図は高校入学直後という学習段階にある学習者の理解を補助する目的で設定されたものだ。しかしわかりやすさの反面、教材テクストの解釈をそのイメージに固定してしまう弱点もある。ただし『羅生門』は、本文全体のキーワードを俯瞰的に捉える視点が虚構テクスト構造を機能させるのに有効であるため、このようなイメージ図を使って学習者が「つながり」を強く意識できるよう配慮した結果の採用である。

> **（質問4）**「一人の男が、猫のように身を縮めて、息を殺しながら、上の様子をうかがっていた。」について、下人を「一人の男」と表現することの効果は何か。またなぜ下人は「猫のように身を縮めて」いるのか。

> **（質問5）**「ある強い感情」とは何か。

質問4、5ともに内容を確認するための問である。

【発問三】なぜ下人は老婆を見て「あらゆる悪に対する反感」を感じたのか。

先に述べたように、複数の解答が期待できる問については、「ある程度本文内容を参考にした上で、本文から離れて自由に想像して良い」と指示して、班活動を行うことが多い。例えば大学入試の小論文等も、課題文や図表を正確に理解し分析する能力と、それを足場に自由に発想する能力の両方が問われている。問も目的別に分かれているケースが多い。国語の授業においてもその問が、「正確な分析」と「自由な発想」のどちらに重きを置いているかを明らかにしながら展開している。

ただし、この【発問三】はやや特殊な問であり、その両方の性格を併せ持っている。

下人の心（その②）

本文中には「下人には、もちろん、なぜ老婆が死人の髪の毛を抜くかわからなかった。したがって、合理的には、それを善悪のいずれに片づけてよいか知らなかった。しかし下人にとっては、この雨の夜に、この羅生門の上で、死人の髪の毛を抜くということが、それだけですでに許すべからざる悪であった。もちろん、下人は、さっきまで、自分が、盗人になる気でいたことなぞは、とうに忘れているのである。」とある。ここが【発問三】の解答の材料となるべき記述箇所といえる。

実際の授業で指導者は、右の引用箇所を要約させるような

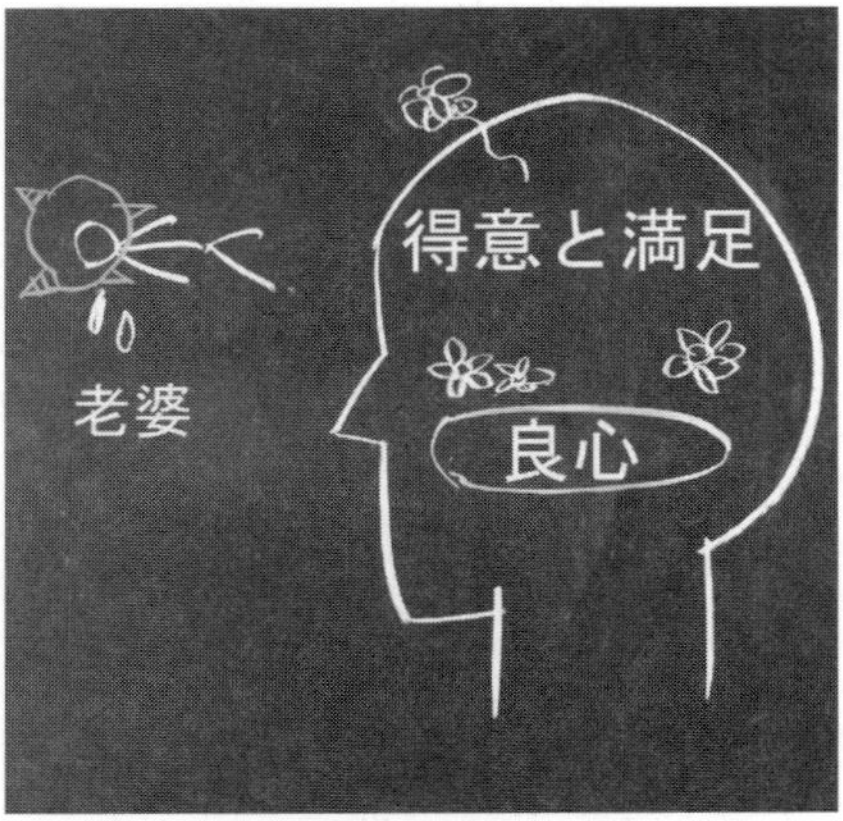

下人の心（その③）

学習活動を行った。しかし、引用文中の「善悪」「揺るすべからざる悪」「盗人になる気」等は、羅生門の下で途方に暮れていた下人の心との結合可能性を持っており、明らかに班での話し合いに適した学習ポイントだった。本単元においてはそのような活動を実施せず、要約した内容を単にイメージ図（②）として板書したのみに終わっている。そのため、指導者が解釈を生徒に押しつけた形となってしまい、結合可能性を暗示する目的があったとはいえ、授業展開に悔いが残った。授業後に展開の不備に気づいた箇所である。

（質問6）「そうしてこの意識は、今まで険しく燃えていた憎悪の心を、いつの間にか冷ましてしまった。」とあるが、その理由を説明せよ。

（質問7）「下人は、老婆の答が存外、平凡なのに失望した。」とあるが、なぜ失望したのかわかりやすく説明せよ。

（質問8）老婆の話の主張を簡潔に説明せよ。

質問6～8はすべて、物語の展開を確認する意図によるものである。本文内容をまとめながらイメージ図（③）を作っていった。質問8においては定番的な学習である老婆の論理―エゴイズム―についても触れる。エゴイズムは文学史上の重要概念ではあるが、キーワード間のつながり―結合可能性―を意識するという本単元の目標とは直接関わりがないため、学習者に紹介するに止めた。

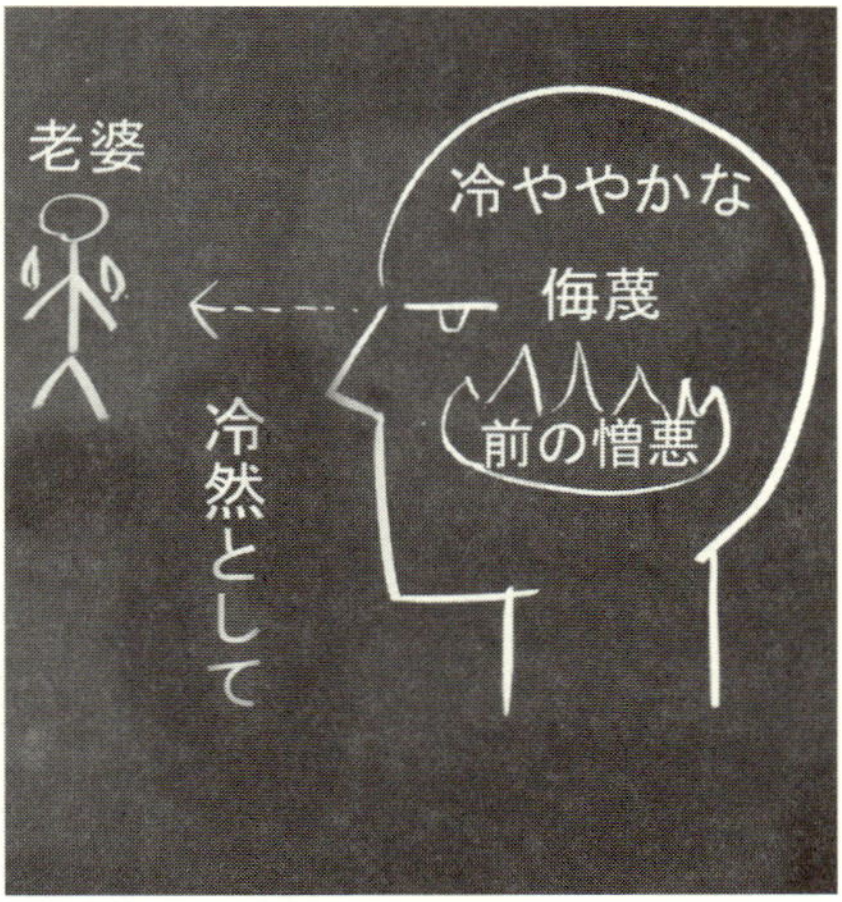

下人の心（その④）

【発問四】「下人の心には、ある勇気が生まれてきた。」とあるが、それはどのような勇気か、またなぜそのような勇気が生まれてきたのか説明せよ。

「どのような勇気か」という問の解答は字数制限によって異なってくる。本単元においては「生きるために盗人になることを積極的に肯定する勇気」を解答例とした。「積極的に」という表現は教材前半の「勇気」に関する記述に使われていた表現であり、その段階から消極的には「盗人になること」を下人が認めていたことを暗示している。そのような観点からも下人の変心が、単に老婆の論理―エゴイズム―に説得されただけでなく、最初から最後まで下人の前意識に存在していたことを示している。そのような結合可能性の暗示という点でも、前半の記述を材料として説明することは欠かせない学習ポイントである。「全クラス板書プリント」を利用しながら、学習者にそれを意識させて、解答を作っていく。

「なぜそのような勇気が生まれてきたのか」という問は、豊かな「空所」を内包している。下人が盗人になる直前の「きっと、そうか。」という台詞から、論理的には「老婆の論理に納得したから」という解答が正解となるのだろう。しかし、そのような解釈は、教材全体のキーワード（心情表現）群のほとんど全てを無視しているため、本単元の目的にそぐわない。班活動によって話し合いをさせ、様々な可能性を探らせる。指導者の側からは解釈

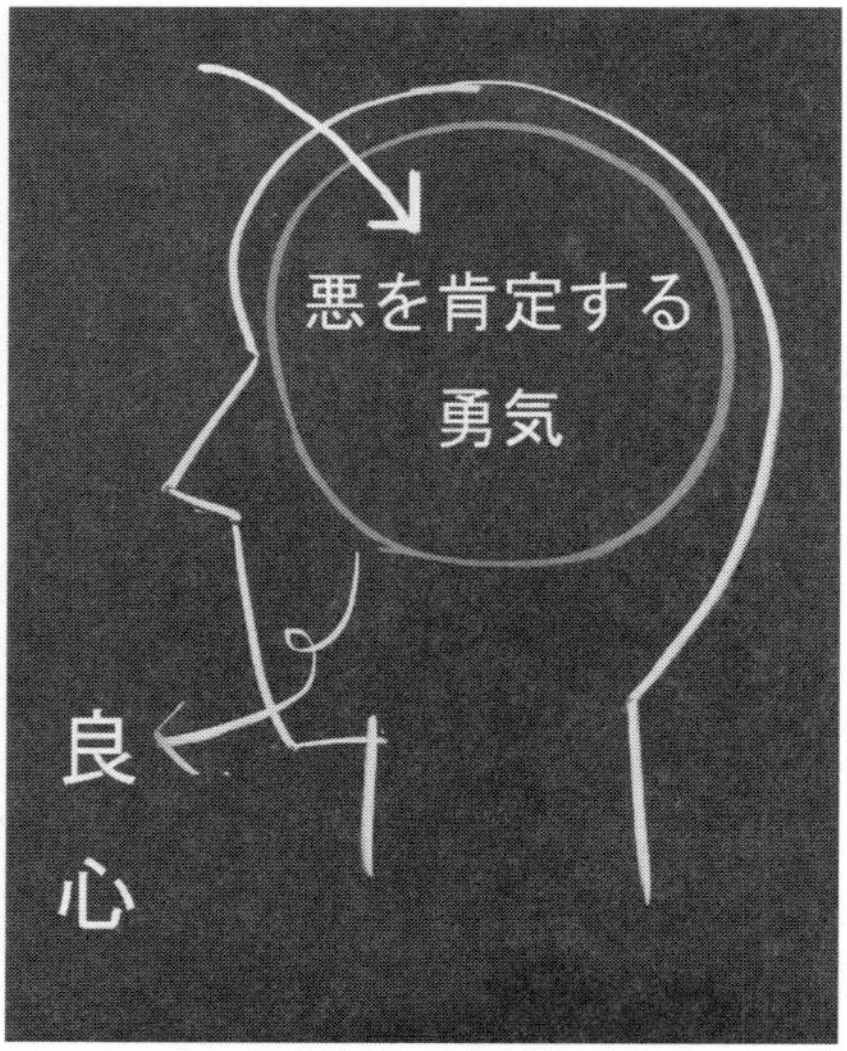

下人の心（その⑤）

の一つとして「自分の生きる意志さえためらわせていた『悪』に対して、自分の生き方として否定するほどのものではないと感じ始めたから。」という解答例を紹介している。

【発問五】「にきび」は何を象徴しているか。

【発問六】「黒洞々たる夜」は何を象徴しているか。

教材『羅生門』の定番的な問である。「なぜ勇気が生まれてきたのか」という発問から連続して班活動を行って、様々な意見・解釈を発表させている。

以上が教材『羅生門』を使った授業の全てである。先に述べたように、教材としての『羅生門』は、「エゴイズム」等を始め、様々な教材価値を内包している。しかしそれらの価値を一方通行的な伝達として学習するのではなく、教材全体のキーワードがつながり合う過程そのものを授業の目的とする。抽出されたキーワードが学習者個々の異なる観点によってつながり合って一つの「共通の地平」を黒板上に生み出す。その機能は教材（虚構テクスト）自体が最初から内包しているものであり、指導者はそれがより有効に働くような授業構成と展開とを行う。その一例を示した。

しかし前節で述べたように、この「虚構テクスト」（文学）自体が内包する機能は、授業構造としては、「虚構テクスト」以外の評論文等にも応用可能である。次項ではそのような観点で、評論文教材の授業実践を分析する。

教材『羅生門』の「キーワード探し」「キーワードつながり探し」の授業記録（ビデオデータ付き文字化資料）をネット上にアップしています。

・『羅生門』授業記録 ➡ http://kumaotoko.in.coocan.jp/rashomonjugyokiroku.html

三　評論文教材『水の東西』のキーワード探し

平成二十六年六月～七月、大分県立日田高等学校において、山崎正和さんの評論『水の東西』を教材とした授業実践を行った。

教材としての『水の東西』は、高校の多くの教科書で採用されており、『羅生門』同様に定番的な教材の一つである。文章表現自体は平易な言葉遣いである。「鹿おどし」や「噴水」等、具体例もイメージしやすいものがそろっている。しかし、文章内容に込められた主題である「形なきものを恐れない心」は、高校一年の学習段階としては難解であり、学習者の読みに虚構テクスト同様の抵抗が生まれやすい。したがって、初読時に学習者それぞれで理解の深度に差が生まれやすい教材である。本実践においては、その学習者間の読みの深度の差を逆手にとって、「空所」を黒板や授業展開そのものに作り出し、学習者全員に教材に対する能動的な姿勢を呼び起こすことを目指した。

単元全体の展開は『羅生門』とほぼ同じである。「キーワード探し」と「キーワードつながり探し」を単元の導入時に実施し、それによってウォームアップした後に、質問、発問をフローチャート式に展開していく通常の

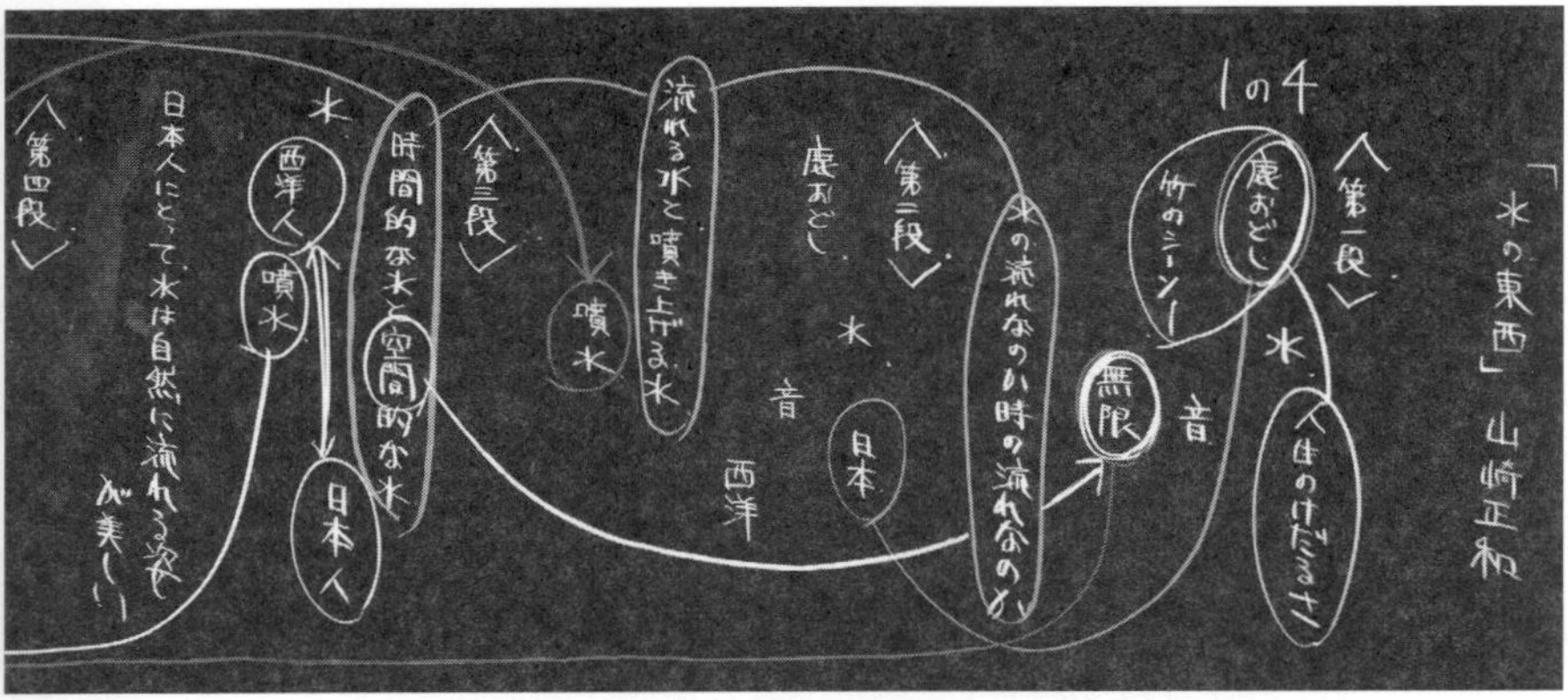

「水の東西」キーワードつながり探し

授業展開を行った。

「キーワード探し」において、こちらの意図したキーワードがすべて抽出されるとは限らない。その場合は、黒板に視覚的に確認できる「空所」が自然に生まれる。「空所」自体は、学習者のイメージを喚起する機能を持つためそのままでもかまわない。しかし、他のキーワードとの結合可能性を持つ重要キーワードが抽出されない場合は、「このあたりはまだキーワードが眠っていそうだね。」等の言葉で学習者に抽出を働きかける。

また「キーワードつながり探し」においては、初読時の理解レベルでは教材の論理構造を正確に反映したものが発表されるとは限らないが、そのような「つながり」を許容する。

右の板書は実際に行った授業のものである。この板書の「つながり」を傾向別に分析してみる。

① 教材の主題に関わる「つながり」

「行雲流水」→「形なきものを恐れない心」は、どちらのキーワードも最終段落に登場し、教材の核とも言うべきつながりである。読解力の高い学習者がこのようなつながりを抽出しやすい。しかしこのつながりは、最終段落を読むだけで探し出すことができる。これだけでは教材全

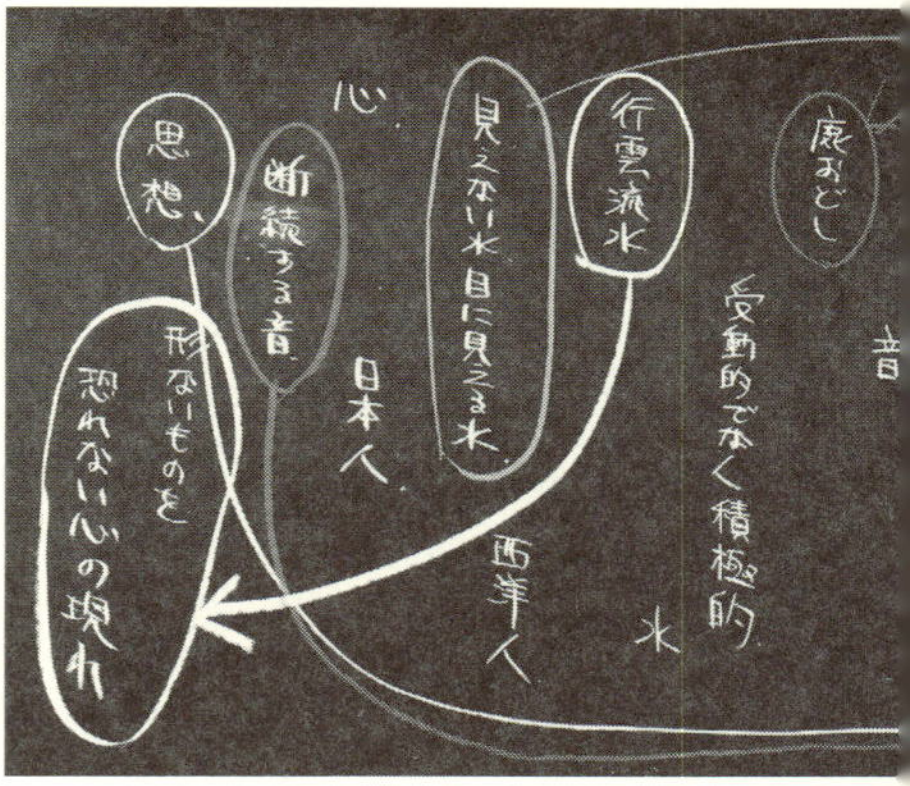

体の虚構テクスト構造は機能しない。「結論」だけを性急に求めたがる学習者の意識を教材全体に向けさせるのもこの「キーワードつながり探し」の学習目的の一つである。指導者は「最大のつながりだ。」と評価しながらも、「問題はなぜそう言えるのかだな。」と教材のそこまでの展開に学習者の注意を向けさせる働きかけを行う。

②　教材の構造を示す「つながり」

「無限」―「断続する音」は、教材全体を大きく横断するつながりである。「断続する音」は、表現自体は第四段にしか登場しないが、第一段にも「時を刻む」「せき止め、刻む」等、同じ意味内容を持つ表現があり、「無限」というキーワードと近い文脈にある。したがってこのつながりは第一段にしか登場しない「無限」を第四段にまで引き寄せ、「形なきもの」との関連さえ暗示する効果を持っている。指導者は「『断続する音』は第一段に書いてありそうな内容だけど、第四段に出てくるんだね。つまり結論に直結する力を持っているということだ。」と、文章構造を意識させるような働きかけをする。

「水の流れなのか時の流れなのか」―「流れる水と噴き上げる水」―「時間的な水と空間的な水」―「見えない水と目に見える水」は、それぞれの意味段落の見出しとも言うべきキーワード群である。先に述べたように、つなげるキーワードの数は二～三個に限定している。これは数が多くなりすぎるとそれだけで完結した意味内容になってしまい、他のキーワードとの二次的なつながりが生まれにくくなるからである。しかしこのキーワード群については、それぞれが段落の見出し的な意味合いを持つため「例外」としてつながりを許容している。また第一段の「水の流れなのか時の流れなのか」は、他の段落のキーワードと違い、日本と西洋とを比較する文章構造を反映していない。しかし、指導者はそのこと自体を「これだけ他のキーワードと雰囲気が違うね。」とつぶやくことで、第一段と他の段落との役割の違いに目を向けさせている。

③ 教材から離れた日常的なコードによる「つながり」

「空間」→「無限」は、このつながりの方向からも分かるように、日常的なコードによるつながりであって本文の論理的な文脈とは異なる。「宇宙の広がりは無限だ」といった教材から離れた一般的知識を背景としたものである。しかし、「時間」と「空間」にはそれぞれ教材中のコンテクストによって「流れ（無限）」と「静止」という性格が与えられてはいるものの、「空間」それ自体は本来的に「静止」しているわけではない。教材自体のコンテクストは、そのような本文外のコードをメタ的視点によって意識化し、それらを比較する過程で正確に理解されるべきものである。したがって指導者は、「本文中の文脈とは異なるつながりだけど…」と断った上で、「たしかに空間は無限だよなあ。なぜ筆者は時間だけに『無限』という性格を担わせているのだろうか。」と教材の論理構造の理解へと学習者を促す働きかけを行っている。したがって「空間」→「無限」のような誤読は、教材理解の深化を促す上でむしろ効果的に働く。

「噴水」―「思想」は、「思想が噴水のようにわき出てくる」という、ややうけを狙ったつながりである。基本的には指導者は全てのつながりを許容している。（もちろん例外はある。）すると学習者は時々指導者に「このつながりは見抜けるか？」といった禅問答のようなつながりを提示してくることがある。そのような「思考の遊び」さえ例外としながらも許容している。謎かけの際の緊張感のようなものを指導者と学習者が楽しむという一面もある。第四段に登場する「思想」は「行雲流水」を含むセンテンスに使われ、「日本人の感性」を説明するためのキーワードであり、「噴水」とは直接的なつながりはない。指導者は「確かに、『水の流れ』に日本人の思想があるなら、『噴水』に西洋の思想があってもおかしくないね。」とやや強引に文脈の暗示情報を提示している。

論理構造を順に追っていくだけが評論文教材の扱い方ではないはずだ。テクストの未知の構造を読み取り、テクスト内の全ての言葉の組み合わせの中から一定の「共通の地平」を構成する、つまりコンテクストを参照してその「場」に最適なコードを創出するという点においては、評論文教材も文学教材も同じである。「キーワード探し」や「キーワードつながり探し」はそのような読みの過程を学習者が意識しやすいようにする工夫と言える。黒板一枚全体に、詩のような、虚構テクストのような構造を作りだし、それを読み解こうとする能動的な姿勢を学習者に与えるのである。日常的なコミュニケーションにおいて、それぞれ異なる背景をもって語られる他者の言葉をよりよく受け止めるように。

だがこの段階までの授業実践分析では、「キーワード探し」や「キーワードつながり探し」は、教材を読み解く際のウォームアップに留まっている。それらの活動が単元全体にどのように関わっていくかについては未だ明確な説明がなされていない。テクスト理解の深化を促す虚構テクスト構造の授業方法自体への応用は、導入段階に留まらず単元全体に広げるべきものである。そのような観点を提示して初めて、虚構テクスト的に論理構造を読み解くことの真の意味が現れてくる。またそれによって本書のテーマである「現実を読み解く」ということの真の意味が明らかになってくる。
次節において、そのような観点から授業実践分析を行う。

『水の東西』と同じ山崎正和さんの教材『グローバル化のゆくえ』の授業記録（ビデオデータ付き文字化資料）及びその実践分析をネット上にアップしています。
・『グローバル化のゆくえ』授業記録→http://kumaotoko.in.coocan.jp/guroubarukajugyokiroku.html
・『グローバル化のゆくえ』授業分析→http://kumaotoko.in.coocan.jp/page001.htm

第三節　教材『アラスカとの出会い』の授業実践―キーワードによる写真作品の物語化―

一　授業の観点及び概要

以下は平成十九年度当時の勤務校である大分大学教育福祉科学部附属中学校三年生を対象にした実践記録である。
本単元においては、星野道夫『アラスカとの出会い』を教材とした。この教材は著者星野道夫さんが、一枚の写真によって自分の人生を劇的に変化させていった過程を書きつづった随想である。写真に出会う前の著者は、同じ時代を生きるたくさんの人々と出会えないという「悲しみ」の中で生きてきた。しかし、出会えない「悲しみ」は、そのまま出会いを生み出す原動力となって彼の心を動かしていく。他者と離れているという空虚感が、逆に他者を積極的に求める気持ちにつながっている。さらに一枚の写真が生み出した「出会い」は、単に著者とアラスカの人々とのそれだけではない。著者の人生を決定づけた一枚の写真を見た時、彼はその写真を撮影したジョージ・モーブリィさんの人生とも邂逅している。この点が本教材の最大の「空所」でもある。この「人と人とが出会うかぎりない不思議さ」という内容的観点により、本教材は他者との関係性に目覚め始める思春期の学習者に適した教材と言える。

指導にあたっては、導入段階で、まず星野道夫さんの写真集から任意の写真を一枚選ばせ、それについて感じたことを書かせた。これは単元終了後の認識の変化を学習者に実感させるための手だてでもある。次に、本文を朗読した後「キーワード探し」を行った。「悲しみ」「無数」「偶然」「不思議さ」「出会い」等の「キーワード」間のつながりを意識させた。これは作品内の「空所」を学習者に意識させる作業でもある。

第二段階として、導入段階で明らかになった「空所」の一つひとつをそれぞれ発問化し、構造的な板書の中に位置づけることで物語を客観的にとらえさせた。

第三段階として、星野道夫さんの写真作品から、学習者が星野さんの人生との「出会い」を感じるものを選ばせ、作品の奥に込められた著者の人生を四人班で物語化させた。その際「キーワード探し」の際に抽出された「キーワード」をカードにして、物語を作る際に必要なカードを四人班で話し合わせた。選んだカードをA3の画用紙に貼り付けさせ、「キーワード」相互の関係を図示させた。このように学習者によって抽出された観点(「キーワード」)を足がかりにして読解を進め、つかみ取った教材の世界観を利用して、創作活動を行った。つまり「読む」ことと「書く」ことを、ひとつながりの活動とするのである。さらに完成した物語作品を発表させ、それぞれ教材から読みとった世界観が物語創作の際に有効に働いているかどうかをクラス全体で吟味させた。

以上のように、まず単元の導入段階で、教材に内包された虚構テクスト構造を学習者の内面に意識化させる。そして、キーワード間の「空所」をイメージで補填する作業によって、教材理解の深化を促す。意識化した「空所」をそのまま発問として利用する。さらには作品の虚構テクスト構造、すなわち他者（ここでは作者の星野道夫さん）の認識を使って、様々な現実を捉えてみる。これは本書の冒頭部において説明した、異なる背景の元に発せられる他者の言葉をよりよく理解する過程に等しい。他者の内的世界をありのまま理解するという意味でこれはカウンセリングにおける受容的態度にもつながっている。本単元においては写真家である星野道夫さん自身の写真作品を使うことで、教材『アラスカとの出会い』内の虚構テクスト構造が、「現実」を認識するための装置として有効に機能するよう配慮している。

二　授業の実際

―一時間目―

①　星野道夫さんの写真集を鑑賞
②　気に入った作品を一つ選んで感想を書く
③　選んだ作品をコピーして裏に感想を貼り付ける

単元の導入として、教材『アラスカとの出会い』の作者星野道夫さんの写真作品を学習者に見せ、感想を書かせた。十冊の写真集を用意して、一クラス四人班×十で回し読みし、その中で気に入った作品を一人一つずつ選ばせた。そして「どんな写真か?」「どこが気に入ったか?」「どう思ったか?」等の観点を与えて、四百字程度の感想を書かせた。この時点では、教材本文については、それを扱うという予告さえしていない。これは教材本文を読むことで、写真作品に対する先入観が生まれないようにするためである。

単純に感じたことを語ったもの、登場する動物について日常的な知識を語ったもの、様々なパターンがあった。それぞれが対象とした写真作品について、その全てをコピーして、感想文用紙の裏に貼り付けさせ、一旦回収した。単元の最後に、最初に書いた感想文を再配布して、単元後の感想と比較させるための処置である。

―二時間目―

①『アラスカとの出会い』を読む
②キーワードを探す
③キーワードのつながりを考える

中学三年次のこの段階で、学習者はすでにキーワード探し自体には慣れている。ただし「つながり探し」については班活動までは実施せず、全体に呼びかけることで重要なものだけを黒板上に提示している。次の図4は実際の授業で抽出されたキーワードとそのつながりである。

上記板書は実際の授業でのものである。矢印で結ばれた箇所に、『アラスカとの出会い』における、最も大きな「空所」がある。段落を大きくまたがるキーワード「悲しさ、不思議さ」と、全編を貫くキーワード「出会い」は、筆者とアラスカ、そしてジョージ・モーブリイさんとの邂逅のきっかけを作ったものであり、作品のテーマそのものと言える。しかし、単純に「出会いの不思議さ」とつなげてしまうだけでは、教材理解は浅くなる。筆

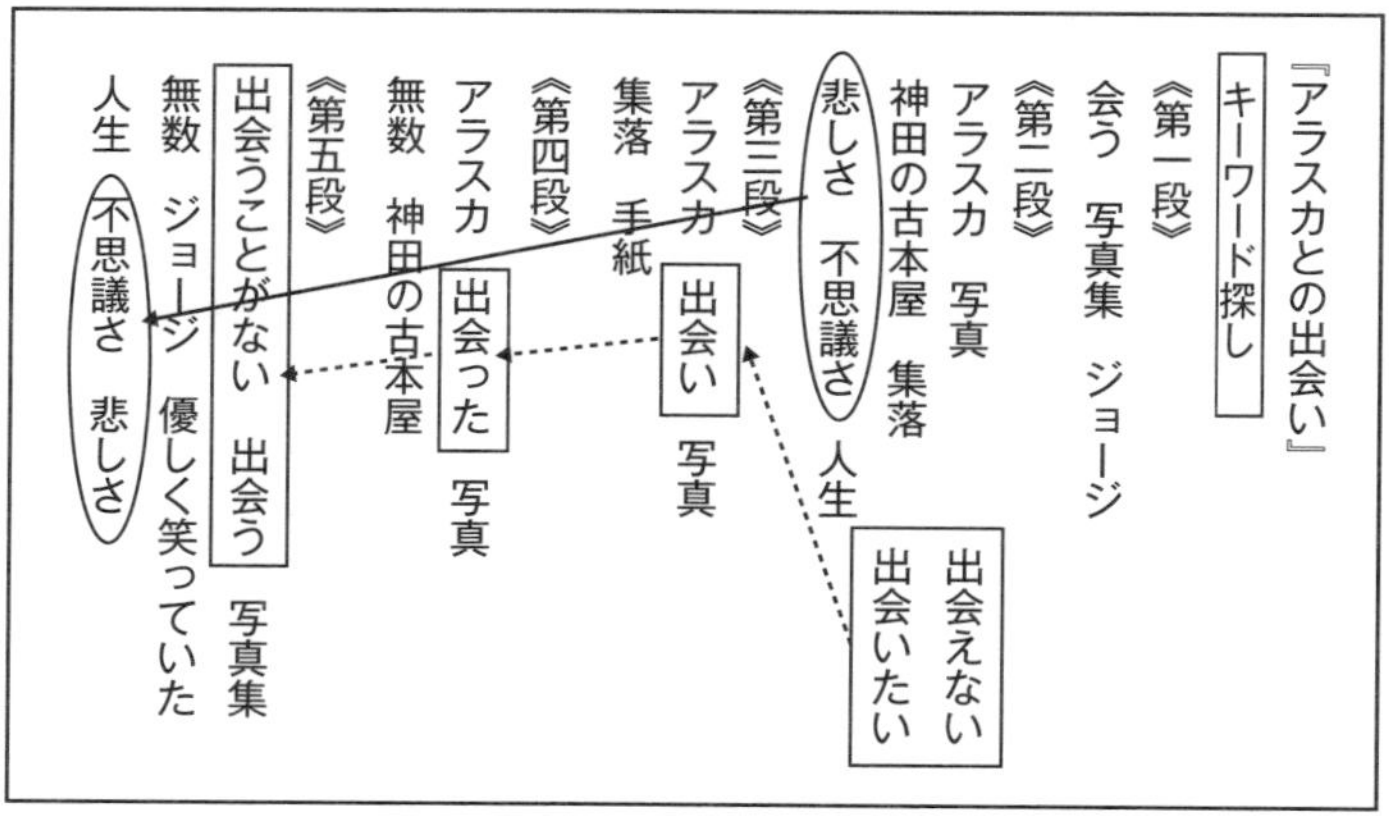

図４　『アラスカとの出会い』キーワード探しによる板書

者星野道夫さんは、「見知らぬ人に出会えない悲しさ」を感じながら生きていた。ジョージ・モーブリイさんの撮影した寂しくとも暖かいシシュマレフ村の写真を見た時、それを撮影したモーブリイさんの思いと星野さんの「悲しみ」が共鳴した結果、「出会い」が生まれ始める。つまり、この物語は「思いを共有した二人の男の物語」という解釈上の地平も内包している。このような観点の獲得は、この単元の最大の目的である「星野さんの眼になって写真作品を見つめ直す」という活動を行うために不可欠であった。星野さんがモーブリイさんの写真を見てその奥にある思いを引き継いだように、学習者個々にも星野さんの写真作品を通じて星野さんの人生に邂逅してもらいたいと考えたからである。

その点、特に「悲しみ」と「不思議」というキーワードは、極めて詩的なつながりを持っており、学習者の意識を単純な「出会いの不思議さ」などといった表面的な解釈から引き剥がす効果があった。なぜ「悲しみ」が「出会い」を引き起こすのか。単に黒板上にキーワードが並べられるだけでも、学習者の注意を喚起する効果があったが、指導者は「『出会い』が『不思議』なのはなんとなく分かるけど、それになぜ『悲しみ』が関係しているのかは、結構考えさせられるね。」と暗示情報を与え、学習者の反応を促す触媒としての働きかけをしている。

―三～五時間目―

教材内容を読解する

「キーワード探し」によって提示されたキーワードを足がかりにしながら、幾つかの設問を設定し、フローチャート的な板書によって教材内容の正確な理解に努めた。実施したのは以下のような内容である。(ページ数は「国語3」光村図書平成十九年度版のもの)

・P174L9「ジョージモーブリイという名前が突然記憶の鐘を小さくたたきはじめた。」について「記憶の鐘を小さくたたき始める」とはどういうことか?
・最初の意味段落の範囲で、ジョージ・モーブリイ氏は筆者にとってどのような人物であると分かるか?
・P175L19「ああいうこと」とはどういうことか?
・P176L3「どうしても気になる一枚の写真」とはどのような写真か?
・P177L18「その集落を見たときの気持ちは、それに似ていた」について「それ」とは?
・P177L19「僕はどうしても、その人々と出会いたいと思った」について、どうしてそう思ったのか、想像して答えよ。
・最初のアラスカ旅行で感じたことをまとめよ。

・P180L12「合わせ鏡に映った自分の姿を見るよう」について、わかりやすく言い換えると？
・P180L20「どんな気持ちで僕が会いに来たのかも知らず」について、どんな気持ちか想像して答えよ。
・P181L8「で、後悔しているかい。」「目の奥が、優しく笑っていた」について、どのような気持ちか？
・この物語における最大の出会いはなにか？

右記の設問は、内容を正確に理解するためのものがほとんどである。単元の最終目的である、写真作品をモチーフにした物語作りは、星野道夫氏を主人公として、作品の世界観を使い、星野道夫さんという「他者の認識」を枠組みにしたものをと考えていた。そのため、特に「悲しみが生み出す出会いの不思議さ」を正確に読解することが、この学習段階で不可欠であった。

―六〜十時間目―

① キーワードカードを使って四人班で物語創作のための「キーワード関連表」を作る（1時間）
② 星野道夫さんの写真作品をモチーフとして班別に物語創作をする（2時間）
③ 創作した作品を（「キーワード関連表」も含めて）班ごとに発表する（2時間）

教材本文の理解が終わった後、いよいよ物語作りに取りかかった。再び四人班になり、星野道夫さんの十冊の写真作品集を回覧して、それぞれモチーフとなる写真作品を一つ選ばせた。次に、文章の構成を考えるための補助として「キーワード関連表」を四人班の各班に作らせた。この単元の目的は、教材『アラスカとの出会い』の

「キーワード関連表」作り

手紙	不思議さ	イヌイットの村	古本屋街	アラスカ	自然	写真集	ジョージ・モーブリイ	北極圏
人生	人	集落	一枚の写真	無数	出会うことがない	偶然	優しく笑った	返事
クマ	あこがれ	多様性	トナカイ	家族	胸が締め付けられる	暮らし	現実	カリブー
					出会えない	出会いたい	出会い	悲しさ

キーワードカード

世界観を使って、写真作品をモチーフにした物語創作を行うところにあった。これには「読み」の深化を促すための「書く」活動、という目的もある。作品内の全てのキーワード相互の関連に目を向けさせるために「キーワード探し」の際に抽出したキーワード群に、再び引きあわせ、教材の世界観を再認識させる必要があった。

まず「キーワード探し」の際に抽出されたキーワード（三十一個）の全てをキーワードカードにして、四人班に配布した。さらに各班に「星野さんの眼になれ！」と題したＡ３の色画用紙を配布して、その上にトランプのようにカードをまき散らさせた。そして画用紙上でカードをかき混ぜさせ、星野氏の写真作品を見ながら物語作りの際に必要になりそうなキーワードを、相互の関係も考えさせながら抽出させた。

上図の「キーワードカード」は、切り離してカードにしたものを班に一つ、切り離す前の一枚のプリントの状態のものを全員に配布している。キーワードは、写真作品から連想した言葉を新たに手書きで追加してよいとした。

使用するカードは五～七枚に限定した。これ以上の枚数になるとただキーワードをつなげただけで作文することができ、言葉と言葉の間に生まれる「空所」の機能が、かえって弱まってしまうと考えたからである。また、それぞれのつながりを関連表上に図示するためにも七枚程度が限界だった。

物語を創作させる際に、次のような話をした。

（こちらを優しい眼差しで見つめているアザラシの赤ちゃんの写真を見せながら）この写真のアザラシは、一体だれを見つめているのでしょうか。写真をこっちに向けると、アザラシは私を見つめていますね。君たちの方を向けると、今度はアザラシは君たちを見つめます。アザラシは本当にいい表情をしていますね。機嫌がよさそうです。しかし、実際にはアザラシは何を見つめているのでしょうか。アザラシが実際に見つめているのは、この写真が撮られた瞬間のカメラを構えている星野道夫さんですよね。つまり、アザラシの写真を私たちが見ているとき、私たちがいる場所には時を越えて星野道夫さんが立っている。つまり、写真を通じて、私たちと星野さんは重なっているわけです。星野さんもシシュマレフ村の写真を見た時、モーブリイ氏と重なっていたのかも知れませんね。さあ、なぜアザラシは私たちに向かって微笑んでいるのか。それを星野さんになりきって、想像力フル回転で考えてみましょう。

他者の視点に立ち、他者の認識を使って、日常の様々な物事を再認識するというのがこの単元の目標の一つであった。写真という教材は、それを鑑賞すること自体が他者（ここでは星野道夫さん）の認識を手に入れるということでもある。『アラスカとの出会い』教材本文の内容的観点でもある他者の認識の獲得を写真作品を使って実際に行い、それを小説に書く―言語化する―ことで、獲得した認識を意識化することを目指した。

「キーワード関連表」作りに1時間、物語作りに二時間かけた後、五班ずつ二時間に分けて発表会を行った。発表の際は四人班内で、写真の解説係、キーワード関連表の解説係、物語の朗読係等を分担させ、必ず全員が参加するように指示した。

作品を幾つか紹介する。

（以下の「夕焼け」という作品は、アラスカの広大な空全体が真っ赤に染まった写真をモチーフにしている。著作権を考慮して写真の掲載は行わない。）

題名『夕焼け』

夕焼けをみた。日本とちがい、空がとてつもなく広いから、油断していると簡単にすいこまれそうだ。私は仲間から連れられて、この場所にきた。「今の時間は夕日がとてもきれいだから、いい絵が撮れるよ。」そう言われて。

第一印象は「赤」だった。ぐるりと一回転してみても目に映るのはやっぱり赤で、それは私になつかしい人を思い出させてくれた。母である。

優しい人だった。常に私を支え、見守り続けてくれた。私が突然はるか遠くの土地、アラスカに旅立ちたいと言い出した時だ。母に、なぜアラスカなのか、そこで何をしたいのか、はっきりと言葉にして説明することができず、もどかしかった。なんと言えばいいのだろう。夕暮れ時で、どこからかみそ汁のいいにおいがしていた。それがなぜか私を焦らせた。しかし彼女は、私の目をまっすぐ見て、「あなたの人生なんだから、好きにしなさい。たくさんのものをその目に写して帰ってきなさい。」と、おだやかに言った。何かいいものがひろえるといいわね、と笑って。

目の前が急にひらけたような気がした。焦りも消えた。窓から見える空は、見事に夕焼けだった。

会いたい。当然無理だ。現実がじわりと心に染みこむ。

しかし、見上げる空は優しく笑っていた。

自然は偶然によって作り上げられている。一瞬でこんな素晴らしい風景を描くと同時に、今は会えない遠くの人と、こんな形で再会させてくれる。

誰にどう感謝をしてよいかわからなくて、またもどかしい思いをするのだけれど。今はそれすらも心地良い。

私がひろったたくさんのものを、あなたに届けたい。　私はゆっくりとカメラをかまえた。

流れる雲の間から、優しく「赤」が降ってきて、私はそれにしばしつつまれる。

パシャ　という小気味よい音が風に運ばれて消えていった。

物語創作の際に用いるキーワードは、教材中に実際に使われているものを必ず幾つか入れることを条件としたが、使用数については限定しなかった。また、モチーフとなった写真を見て連想される言葉もキーワードとして追加していいと指示した。例えば作品「夕焼け」では「赤」が学習者によって追加されている。また「キーワード関連表」のキーワードはあくまでも物語を構想する際の企画書として扱い、貼り付けられたキーワードを必ずしも全て作品中に登場させなくてもよいとした。これは、キーワード使用の制限を設けなくても、教材『アラスカとの出会い』の世界観を背景にした物語を創作する学力を、学習者が持っていると判断したからである。「赤」い色を見て「母」を連想しているのは、これを創作した学習者本人なのである。「偶然」や「(出会えない)悲しさ」等の教材中のキーワードを、その世界観を保ったままで扱いながら、言葉と言葉の間を埋めるイメージとして、自らの心の中をのぞき込み、自らの思いを取り出して見事に利用している。

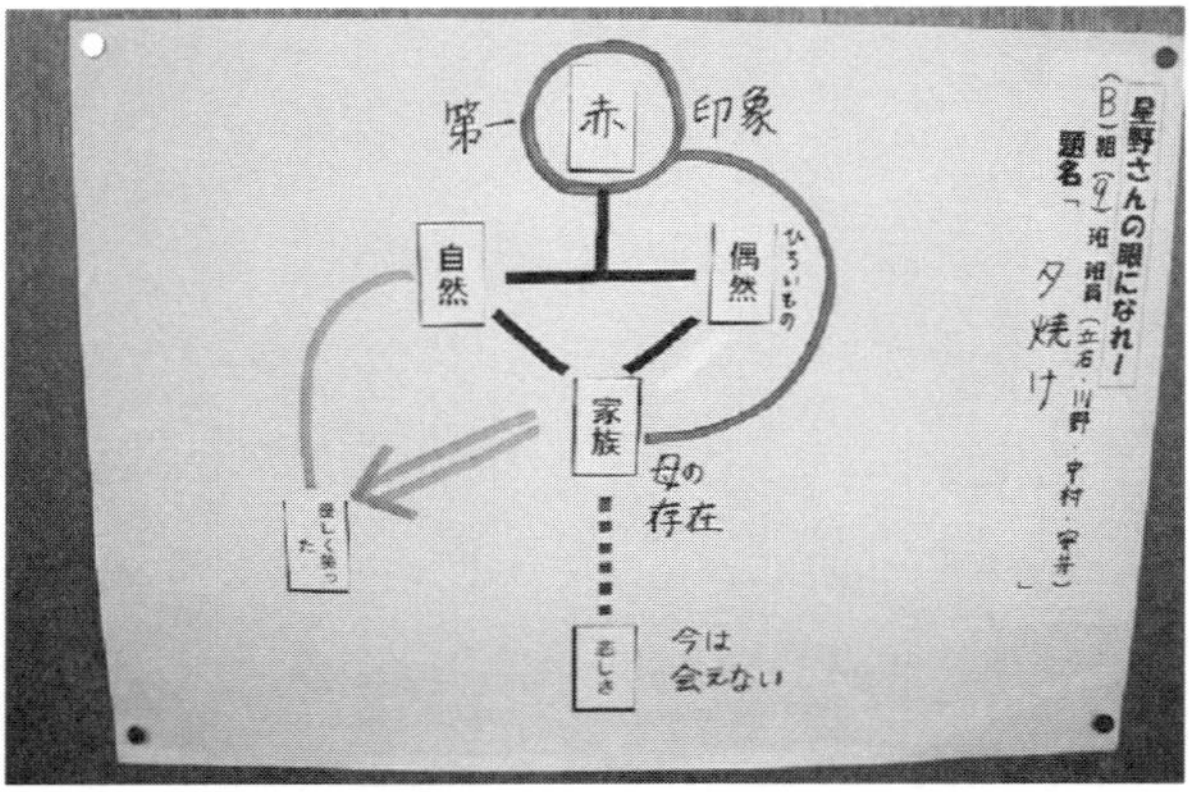

「夕焼け」のキーワード関連表

「夕焼け」のような「家族」を連想するタイプの作品は多かった。これは「人に出会えない悲しさが偶然の出会いを生み出す」という、人と人とのつながりをテーマにした『アラスカとの出会い』の世界観から、予想されたことではあった。

また次のような作品もある。

（アラスカの冬の真っ白な大地を背景に白いキツネがこちらをじっと見ている写真をモチーフにした作品である。）

題名『孤独からの出会い』

「私は星野道夫、今、アラスカにいる。」

とぼとぼと冬の寒い道を歩いた。私は今、アラスカの凍土のように凍りついている。

なぜなんだろうか。自分でも分からない。私は昔、神田の古本屋で一冊の本に目がとまった。それはジョージ・モーブリイという人の写真集だった。

パラリパラリとページをめくると、一枚の写真に出会った。その写真を四六時中見ていると、俺の今の気持ちとピッタリあうような写真だと気がついたのだった。それで私はアラスカに向かった。アラスカではたくさんの人や動物に出会い、少しずつだが、私の凍土も溶け始めていた。その時だった。

私の目の前にまっ白なキツネが一匹姿を現した。まっ白なキツネはとても愛らしくその白さが雪と溶けあうように私の気持ちも少しずつやわらいでいった。

そしてキツネと目をあわせていると、なぜか、心で会話しているような気になった。

「僕、今一人ぼっち…ねえもしかして、道夫さんも？」

「いや…うん。私は今、どうしていいかわからなくて写真に興味を持って、アラスカに来たんだ。でも君に会えてよかったよ。なんだか気持ちが楽になってきたんだ。ありがとう。どうだい？君の写真を一枚撮りたいんだが…いいかい？」

「本当ですか?よろこんで…お願いします。」

「おや、なんだか暗い顔をしているんじゃないかい？」

「いいんです。僕と道夫さんの共通の気持ちをこの写真に残して思い出にしたくて…。」

「そうか…。それならいいだろう。」（間）

「ありがとうございました。これは一生の宝物ですね。」

「そうだなぁ、今日のこの時を私は一生忘れないよ。それじゃあ…。」

「さようなら…。」

また私の一人旅は始まった。今度はどこへ行こうか…なにして、どんな写真を撮ろうか…。（間）

私はまた冬の寒い道をとぼとぼと歩きはじめた。でも、今度の旅はなんとなく空が明るく感じた。気のせいなのだろうか…。いや、これはきっと気のせいなんかじゃないのではないか。そう思いながらもぐんぐんと進み続け、どんどん周りの景色が変わっていく…。ピンク、緑、赤、そして白…。またこの季節がやってきた。思い出深い白だった。一生忘れることのできない白。また会えたらいいなぁ。そんな思いだ。私は今、白い道を歩いている。

「あれ？」私はつい、口に出した。前には一つの大きな標札が…。

よく見てみるとそこには『希望への道』と書かれてあった。

私はまちがってなかったんだ。少し落ち着いた…。この道をまっすぐ進めばいいのだと…。

（※傍線は引用者による）


題名「孤独からの出会い」中の言葉「孤独」は、右のキーワード関連表から分かるように、キーワードの一つとして使用されている。教材本文中には「孤独」という言葉は登場しない。教材読解の段階で、シシュマレフ村の写真のイメージを言語化する学習を行った。その際に、発表された言葉の中の一つである。「人と出会えない悲しみ」が「出会いたい」という気持ちにつながるという本教材のテーマにも「孤独」という言葉は内包されており、教材の隠れたキーワードと言える。したがって、この班の創作した小説は、教材本文から読み取ることができる星野道夫氏の人物像にきわめて近い人物造形をしている。

作品中の下線部「キツネと目をあわせていると、なぜか、心で会話しているような気になった」や「僕と道夫さんの共通の気持ちをこの写真に残して思い出にしたくて…」という星野氏の心の中の「キツネの言葉」から分かるように、この作品は重層的な構造を持っている。キツネを見つめている星野氏の認識、キツネの表情に映り込んでいる星野氏の心、そしてそれを星野氏の気持ちになって認識しようとしている学習者の心、様々な認識が遠近法的に構成され、作品としての共通の地平をつくり出している。作品の後半では、星野氏の人生を象徴的な表現でまとめようとしている。ラストの「希望への道」はこの作品の作者達の心の中にある実感なのかもしれない。

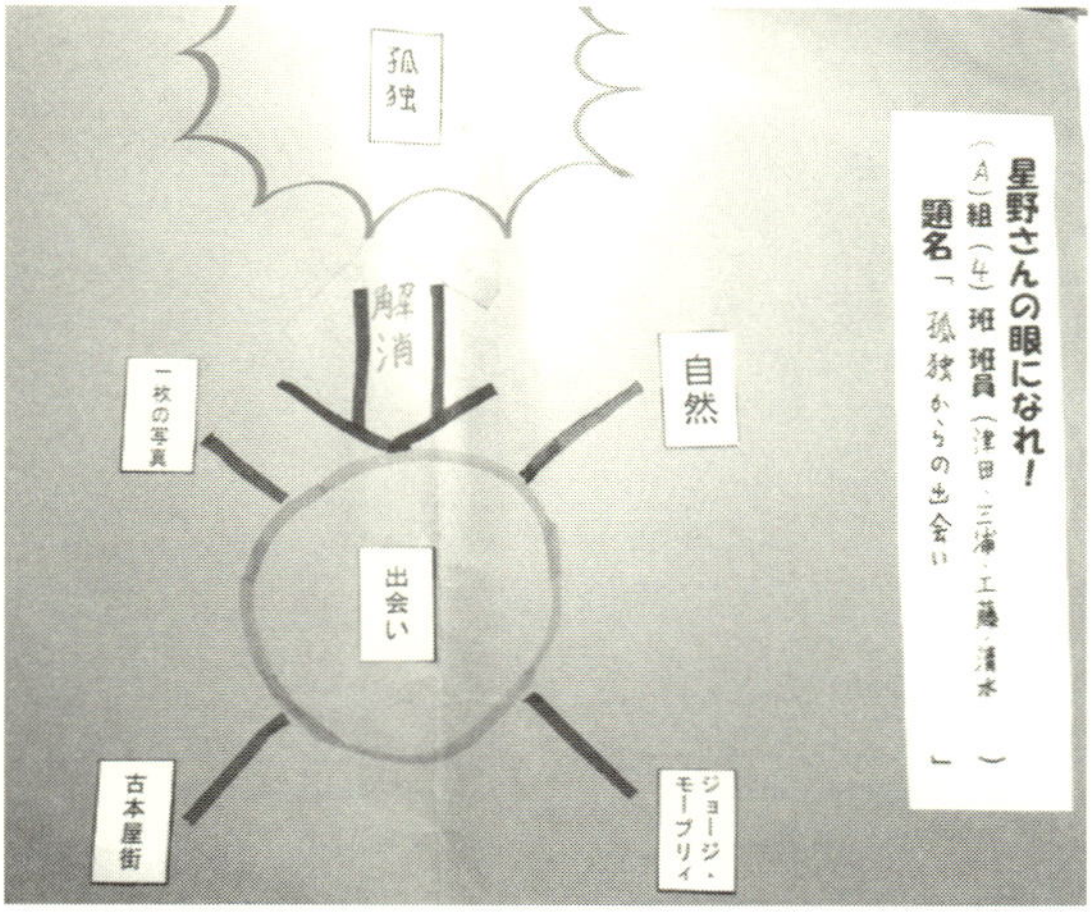

「孤独からの出会い」のキーワード関連表

以上のように、学習者によって様々なタイプの作品が創り出された。熊（キツネ、アザラシ）の認識と星野氏の認識を代わる代わる記述したもの、「出会い」や「認識」そのものをテーマにした哲学的なもの、小説を書いている自分自身の姿をそのまま表現したもの等々。教材内で作者の星野道夫氏が語っている、「合わせ鏡に映った自分の姿を見るように、限りなく無数の偶然が続いていく」連鎖反応が、教材を読み、その世界観を通して写真作品を見つめている学習者一人一人の心にまで伝わってきている。

この授業実践から生まれた学習者の作品集を、それぞれの班がモチーフにした写真作品付きでネット上にアップしています。（写真作品の掲載については星野道夫事務所の許可を得ています。）

・「星野さんの眼になれ！」作品集 ↓ http://kumaotoko.in.coocan.jp/hoshinoiriguchi.html

―十一時間目―

一時間目に書いた感想と、そのモチーフとなった写真作品に触れ、再び感想を書く

単元の最後に、単元の最初に書かせた写真作品の感想（裏に写真作品のコピーが貼ってあるもの）を再配布し、同じ作品に対して単元終了現在どのように感じるかを学習者に書かせた。学習者によって多種多様な感想が生まれてきた。ここでは特徴的なものを紹介するに留める。

次の感想は、広大なアラスカの自然を背景にムースの親子がのんびりと水辺にたたずんでいる写真作品を対象にしている。

【単元に入る前の感想】

　この写真はアラスカの山々に囲まれた森林の中のひらけた地にムースが水を湖に飲みに来ている風景をとったものです。私が気に入ったところは背景の木々の色がきれいでムースが湖に口を付けてそこから同心円上に波が伝わっている様子です。静かな森の中にムース二頭しかいないような感じがしていい。すずしい風が時々ふいてそのたんびに森の木がゆれている感じがしました。この写真を見て一人でこんな広い森の湖にポツンといたらどんな気分がするだろうかと考えました。最近、日本では政治の問題や事件が絶えずごたごたしているけど写真の中の場所に行けば静かな時を過ごすことが可能です。周りが静かで人と人とのお金のもめごとや、意見のぶつかり合いなどを聞かずにすみます。毎日のようにニュースで報道されている政治と金の問題。人間が創り出した地球温暖化という災害。そういう問題から離れられるのはこの写真の風景のような場所だけだと思います。

（※傍線は引用者による）

【単元終了段階での感想】

　この写真はアラスカの山々に囲まれた森林の中にある湖にムースが水を飲みに来ている写真です。

　この写真の中の二頭のムースを親子として見ると、母親の後を子どもがついていっています。子どもの方は初めて湖に水を飲みに行くため少々オドオドして母親について行っています。何もかも初めてだらけの子どもにとって、森をぬけ、湖まで行く道は新鮮です。森の中でしか生活したことのない子どもは湖の広さに驚きました。そして周りの風景にも。母親にとっては子どもを連れてきたのだから、いつ敵に追いかけられるか心配で仕方ありません。でも一応、湖まで出てきたのだから水は飲まないとと思い、オドオドしている子どもを放り、水を飲み始めました。

　湖の周りは気持ちのいい静かさで包まれて、ムースの親子をあたたかく包み込むように静かな時間が流れています。水を飲む小さな小さな音が静かな静かな森の中を通っています。

【単元に入る前の感想】の下線部分は、学習者の日常の価値観が、写真作品とのつながりを欠いたまま、文章中に投げ込まれるように記述されている。つまり学習者の認識は日常の域を出ていない。それに対して【単元終了段階での感想】は、写真の細部に至るまで学習者の観察が行き届き、その結果として写真作品の創り出す世界に完全に浸りきっている様子がうかがえる。そこに描かれているムースの親子関係は生々しくさえある。

以上が教材『アラスカとの出会い』を用いた授業記録の全てである。

教材に内包された虚構テクスト構造を浮き彫りにし、それを用いて教材外の様々な「現実」を再認識する。その具体的な手立てとして「キーワードカード」を用いる。ここで紹介した「キーワード関連表」は、一人称視点の小説教材を他の登場人物視点に置き換えるリライトなど、様々な応用が可能である。そしてそれらの学習活動の過程で、日頃は顧みることのないありふれた言葉一つ一つに対してそれを「明視」する態度が学習者に生まれてくる。前章で考察したように、それが虚構テクストの持つ機能そのものだからである。非日常的なコンテクストにおける言葉は、コンテクストを参照することでそのテクスト専用のコードを創出することによって初めて「意味」を持つことができる。その過程で平凡な言葉の一つ一つを見つめ直そうとする姿勢が学習者に生まれる。さらに前章で述べたように、我々の現実認識の際には、自分が使用する言葉に大きな影響を受ける。したがって言葉一つ一つをよりよく見つめようとする態度は、よりよい「現実認識」の態度に他ならない。

教材から抽出され、教材を超え出た虚構テクスト的現実認識の装置は、国語という教科を超え出ることも可能と考えている。次節はそのような観点で考察を進める。

第四節　虚構テクスト構造を使って現実を読み解く―他教科への応用―

本節で語られるのは仮説である。未だ具体的な実践を経ない単なる提案ではあるが、本書のここまでの論理展開から必然的に導き出されるものとして語っていく。

本書の「はじめに」において、コミュニケーション能力やプレゼンテーション能力を話題にした。それらは話し手が自分の内面をスムーズに聞き手に伝えるという点で共通した観点と言える。そのようなコミュニケーションが行われる「場」において、言葉のコード（ラング）は固定されている。前章で明らかにしたように、固定されたコードを用いたコミュニケーションは、それを使う者に安心と快適さとを与える。同様のことが論理的思考能力についてもいえる。明確でよどみのない筋道をもって語られる言葉は、必然的に「空所」を持たない。「空所」はイーザーの言うように語用論的には不完全なコミュニケーションを前提とするからだ。コミュニケーションの際に当然与えられているべきコードが存在しないという不安感が、聞き手に、話し手の言葉にコードを見出して、それを理解しようとする能動性を与える。聞き手はこの時同時に、日常において無意識に自分を縛ってきたコードの存在を意識化する。そして、柔軟性を失って自動化した自らの現実認識のあり方を変革していく。そのような虚構テクストの効用を、本書においてここまで浮き彫りにしてきた。そして国語という教科のあり方をそのような観点で探ってきた。

右の観点は、国語教育だけに当てはまるものではない。現代社会においては様々な学術領域が極端に専門化・高度化した結果として、それぞれの領域に属する者でしかその内容を理解できないといった話をよく目にする。それがどの程度真実なのかは分からない。しかし、多くの学術領域の研究内容が我々のような一般人にはほとんど理解できないのは確かだ。また「学際」という言葉があるが、異なるパラダイムの基に成立しているコードをせめぎ合わせ一つのコードとして再構成するのには、それ自体にある程度のスキルが必要になってくるはずだ。そこに虚構テクスト構造を観点とする教育実践の可能性を見る。

単純に考えれば、それぞれの領域内部で通時的に発展してきたコードを、共時的に他の領域のコードとせめぎ合わせる訓練をすればいい。異なるパラダイムのもとに成立している概念を、虚構テクスト的にせめぎ合わせることによって、確定的に使われている論理構造から抜け落ちていたものをすくい取る目を養うのだ。

論者は以前『時間認識という錯覚』という本を執筆している。題名の通り、我々の「時間認識」のあり方について論じた本である。古代ギリシャの哲学者ゼノンの有名なパラドックスである「飛ぶ矢は止まっている」を最初の話題として、認知科学、脳科学、さらには数学から理論物理学にまで話は発展していく。

それを書き始めたきっかけは単純だった。本書の前半のほとんどを占める修士論文を書いた際に記号論を学び、その論理の核ともいうべき共時態という概念に興味を持ったからだ。前章で述べたように、記号論の創始者であるソシュールは、「言葉は、最初から存在する『現実』につけられた名札であり道具である」という言語観を半ば逆転させ、「言葉が現実を創り出す」と唱えた。またその際に、言葉が通時的に発展してきたという観点を捨て、ある瞬間における全ての言葉の横のつながり、つまり共時的な観点を研究対象にすべきだと述べた。そこで必然的に「共時とはなにか」「この瞬間に言葉が横につながりあっているとは具体的にどのような状態なのか」、突き詰めれば「この瞬間とはなんなのか」という古代ギリシャ以来二五〇〇年にわたって人の心を悩ませてきた問題と向き合わざるを得なくなったわけである。

私は人の心が知りたかった。人の心において言葉がどのような役割を果たしているのか知りたかった。そこからスタートしなければ、国語教育のどのような論理も砂の上の楼閣みたいなものだという確信があったからだ。「共時」すなわち「瞬間」を理解するために、それに関係のありそうな本を脈絡もなく漁り始めた。

一つ一つの学術領域の、それぞれで高度に発展し、部外者の理解を拒んでいるようにさえ思われる論理の一つ一つを、私は心の中で虚構テクスト的に再構成し始めた。そこに共通のコードを見つけようとする無謀な試みは、学習者と一緒に虚構テクスト構造と向かい合い続けてきた私にとって半ば無意識に自然に行われたものだった。

『時間認識という錯覚』に書かれた内容が正しいか正しくないかは分からない。論者がここで問題にしようとしているのは、この本を執筆する際に使われたスキル、すなわち認知科学、理論物理学、哲学その他それぞれの背景にある全く異なるパラダイムを再構成しようとする態度そのものである。

通時的に発展してきたそれぞれの領域のパラダイムと、それを理解するためのコードは、当然のことながら学習者によって習得されるべきものである。しかし、既成のパラダイムを突き崩し、新しいパラダイムとイノベーションとを生み出すようなスキルは、単に既成のコードを学習するだけでは身につかない。特に一つ一つの領域が高度化し専門化した現代においては、意識的にそれらをせめぎ合わせるためのスキルが必要だろう。本書で述べてきた「虚構テクスト構造を読み解く力」はその一つのあり方を提案している。そのような意味で、本書の語る内容は、国語という教科の枠組みを超え出ている。

これから説明するいくつかの単元構想は既存の実践かもしれない。しかし、同じ展開のように見える授業も、指導者の意図が異なれば、学習者の内面に与える効果は全く異なってくる。例えば前節まで語ってきた論者自身の教育実践の多くに、指導者の「つぶやき」が組み込まれている。これは教材テクスト内のセグメントを、学習者の内面において効果的に結合させるための働きかけだ。その結合情報がほんのわずか過多になっただけで、指導者から学習者への一方的な価値伝達になってしまう。

大事なのはその単元を構想する際に背景となった観点そのものだ。ほんのわずかな指導者の働きかけの違い、ほんのわずかな学習者の活動の方向性の違いで、単元の結果としての学習の到達地点は全く異なるものとなる。

特に学習者の発達段階は単元を構想する上での重要な観点だ。本書の語る虚構テクスト的認識は、日常的なコードを既に身につけていることを前提としている。前章で語ってきたように、身につけたコードが自動化し、固定化してしまうのを避けるために虚構テクスト的認識が必要になるのであって、その逆ではない。もちろん日常的なコードをより効果的に学習するための手立てとして、虚構テクスト的構造を利用することは可能だが（「空所」によって教材テクストに対する学習者のイメージ化作用を促進することができるからである）、学習状況による単元の目的の違いを明確に意識して単元を構想する必要がある。

本書において対象とする発達段階は高校レベル、つまりある程度日常的なコードを身につけた学習者を想定している。高校という発達段階は、義務教育と大学教育との境目にある。未だ日常的常識的なコードを身につけるという学習目的を残しながら、大学の前段階として「思考力」を養うという役割をも担っている。逆に言えば、高校において必要なのは大学レベルの専門性ではなく、あくまでも大学の前段階としての「思考のスキル」の養成である。「思考のスキル」には様々なタイプが考えられるが、ここでは本書で設定した枠組みである虚構テクスト的認識という観点に基づいて単元を構想していく。

高校レベルで、大学レベルの成果を期待するのは本末転倒であろう。偶然の作用として、大学レベルを超える発想が生まれたとしてもそれは副次的なものに過ぎない。したがって、以下の学習活動は何らかの客観的な価値のある成果を期待するものではない。日常的なコードの学習という高校段階の学習目的を阻害しないためにも、むしろそれらの学習活動は明確に「遊び」であるべきだ。虚構テクスト、すなわち文学が、娯楽としての一面を持っているように。

そのような考え方に基づいて、以下に「思考の遊び」としての単元構想を紹介していく。

〈パターン①〉「異なるパラダイムを直接せめぎあわせる」

例えば、複数の学術領域で異なった解釈がなされている対象、特に未解決問題と言われるものを学習題材とする。

例えば「光とは何か」というテーマはその題材としてふさわしい。「光」は極めて日常的な存在であるにも関わらずその正体が分かっていない。それだけでなく学術領域ごとに捉え方が異なっている。例えば電磁気学においては電磁波の一種であるとされ、素粒子の標準理論においてはボソンという一種の粒子であるとされ、量子力学においては波でもあり粒子でもある謎の存在とされている。それらのパラダイムの本質を理解している必要はない。もちろん理解できていてもかまわない。「思考の遊び」自体が目的なのだから、例えそれらの領域の高度な論理を理解できていたとしても、その内容に縛られる必要はない。むしろ、インターネット等から安易に得られる解説などの情報を意識的に解きほぐし、虚構テクスト的に非日常的つながりをつくって学習者独自の意見の創出を目指す。

そのために有効なのが、本章でこれまで語ってきた「キーワードカード」である。例えばインターネット等から収集した情報のうち、特徴的なものをキーワード化する。キーワード化の方法としては、本章『羅生門』の実践で紹介したように「何度も登場する単語」でもよいし、明らかに論理の中心に位置するような単語でもよい。また『アラスカとの出会い』の実践で紹介したように「直感的に連想する単語」でもよい。四人班を作って、四つの机の真ん中でそれらの「キーワード」をせめぎ合わせる。教材『アラスカとの出会い』における小説構想の際の「キーワード関連表」のように、Ａ３以上の画用紙にキーワードを貼り付けさせ、どのようなつながりを構想したかについて発表させる。黒板上に大きめの「キーワードカード」をマグネットシートによって貼り付け、班ごとに話し合いの結果を発表させてもよい。発表ごとに黒板上にキーワードのつながりが生まれ、それがリセットされてまた新しいつながりが生まれる。班ごとに黒板全体を撮影し、それを印刷して全員に配布し、それらについて全員で話し合わせる。

同様の手法で、歴史上の出来事の定説を再吟味させるのも面白そうである。

同様の手法で、パラダイムを提示しない実験結果から、その実験目的を探るのも面白い。

最初に説明したように、この授業は異なるパラダイムをせめぎ合わせること自体が目的であり、それら一つ一つの正確な理解を目指すものではない。しかし、一般的なテクストの読解においても誤読がむしろ正確な理解へと読者を導くように、それぞれのパラダイムに興味を持ち、それらを理解しようとするきっかけになるはずだ。

〈パターン②〉「特定の実験装置の本来的な使用から離れた実験目的を考える」

例えば二〇一三年度のノーベル物理学賞のきっかけとなったCERNの粒子加速器などを題材に、その特徴をある程度学習した上で、その本来的な目的を離れた実験目的を考えてみる。そもそもCERNでの実験はブラックホールの創造を目的としたこともあるほどであり、我々の想像を超えている。高校レベルでは実験装置の意味についてある程度の理解が可能なはずだ。だからこそ、「思考の遊び」としてその利用法を常識にとらわれずに考えさせる。しかしこれまで述べてきたように、単に自由に発想させるだけでは日常的な思考法の範囲を出ることは難しい。前章で語ってきたように自動化された日常の思考法を突き崩し、虚構テクスト的認識によって自由な発想を行うことが本書において提示する教育目的である。したがって、本書でこれまで語ってきたように、虚構テクスト構造を学習活動に組み込む手立てが必要になる。それで〈パターン①〉と同様の手法を用いる。

実験装置の特徴をキーワード化し、それを〈パターン①〉と同様の手法で組み合わせる。キーワードは、実験装置の解説から抽出してもかまわないし、実験装置そのものの特徴や直接的印象を言語化してもかまわない。それらを自由に組み合わせる過程で、それに関係する様々な領域から新たなキーワードを追加してもかまわない。

パターン①と同様に班ごとに活動し、その結果をクラスで発表した後に、それらの有効性や問題点について話し合うのもいい。

（パターン③）「特定のテーマについてそれを解決するためにどのような領域（教科）が必要かを考える」

例えばパターン①の「光とはなにか」というテーマの学習活動において、パターン①と同様の学習活動を行いながら、「（直接関わりはないが）連想するキーワード」として「他の教科に関するキーワード」を「キーワード関連表」に組み込むことを条件に加える。その際にその教科の先生にインタビューにいくというのも面白い。「光」がテーマであるなら、芸術との連携というのも可能である。

「学際」という言葉があるが、それをシミュレーション的に学習活動に組み込むのである。実際には「学際」は容易には成立しない。これまで述べてきたように、それぞれの領域には通時的に発展してきた高度なパラダイムがあるからである。大学レベル以前の、「思考の遊び」としての学習活動だからこそそれが可能になる。繰り返しになるが、単に他の領域の知見を借りるだけでは本書の提示する学習目的にはそぐわない。重要なのは日常のコードの見つめ直しと再構成である。それを有効に機能させるためには、「キーワード関連表」が説明的・解説的になってはならない。単語レベルのキーワードによって、まるで詩のような虚構テクスト構造を、A３画用紙上に創り出す。偶然の作用さえも取り込んだ「遊び」であることが、そこから自由な発想を生み出すのに必要なのである。

最終節となる本節においては、本書においてこれまで語ってきた枠組みを使って、他教科の学習活動の具体的なあり方を探ってきた。既存の論理構造を壊し、既存のパラダイムを無視し、直接抽出された「言葉」だけを使って、非日常的な虚構テクスト構造を創り出すことで、新たな発想を生み出すトレーニングをするという本節のアイディアは、当然のことながら、日常的な学習活動がしっかりなされていることを条件として成立するものである。

先に述べたように、同様の学習活動によって「日常的な学習活動」を強化する目的の授業構想も可能だが、本書の目的とは異なるため詳説はしない。

おわりに

『ガープの世界』という小説がある。現代アメリカを代表する小説家ジョン・アービングの作品である。様々なエピソードが明確なコードを提示されることなく作品中に投げ込まれるように配置されている。それらのエピソードの一つ一つは悲劇的であって、ラストもハッピーエンドとは言いがたい。しかし、作品全体を通して鑑賞した時、それらの一見つながりがないかのように思われるエピソードの間に不思議なつながりがあることに鑑賞者は気づくはずだ。そして最後に奇妙な心の温かさを感じる。

息つく暇もなく流れ去る文化社会の急激な変化と、距離や時間を超えた多様な文化とのふれあいによって、現代社会はそれ自体が虚構テクストのような性格を持ち始めた。現実そのものが『ガープの世界』のような予測不可能性を持ち始めた。

教室の内部のコンテクストも同様だ。一人一人の学習者の持つ背景も多様である。指導者だけでなく、学習者の側からみた教室も同様だろう。指導者も学習者も、何を規準にすべきか、何を目的にすればいいのか、明確な答を持たないまま日々を生きている。

だが、そもそも我々が認識する現実は固定されたものではない。ソシュールやフッサールが言うように、変革可能性自体が、我々が認識する現実が成立するための条件である。我々は言葉を発し、返ってくる言葉を受け止め、そこにコードを見出しながら、現実を理解し、コミュニケーションしている。これは「空気を読む」とは全く別のものだ。「空気」とはあらかじめその場に存在するものであって、互いに現実を読み解き合うことによって相互主観的に生まれてくるものではないのだから。

『ガープの世界』の主人公のT・S・ガープはラストシーン近くでつぶやく。「人生は冒険だ。」と。

我々が虚構テクスト的現実を生きているのであれば、我々の人生もまさに「冒険」だ。そして教室という「場」もまた冒険の舞台だ。指導者も学習者も、教室という「場」を共有する人々の言葉、教材テクスト内の言葉、そして自分自身の心の中の言葉を虚構テクスト的につなぎ、組み合わせ、そこに一つの現実を創り出しながら生きている。そして変化する現実を楽しんでいる。まるで推理小説を読み解いて、事件の謎を解き明かすように。

我々は、歴史上最も不安を感じやすい時代に生きているのだろう。しかし、だからこそ生きることや成長することは面白いのである。

引用・参考文献

小林純一『カウンセリング序説―人間学的・実存的アプローチの試み―』金子書房、一九七九年

小林純一『創造的に生きる　人格的成長への期待』金子書房、一九八六年

梶田叡一『内面性の人間教育を―真の自立を育む』金子書房、一九八九年

エドモンド・フッサール著 長谷川宏訳『現象学の理念』作品社、一九九七年

エドモンド・フッサール著 渡辺二郎訳『イデーンI―I』みすず書房、一九七九年

エドモンド・フッサール著 細谷恒夫訳『世界の名著51ブレンターノ フッサール ヨーロッパの学問の危機と先験的現象学』中央公論社、一九七九年

竹田青嗣『現象学入門』日本放送出版協会、一九八九年

浜渦辰二『フッサール間主観性の現象学』創文社、一九九五年

竹原弘『意味の現象学　フッサールからメルロ＝ポンティまで』ミネルヴァ書房一九九四年

フェルディナン・ド・ソシュール著 小林英夫訳『一般言語学講義』岩波書店、一九七二年

フェルディナン・ド・ソシュール著 前田英樹訳・注『ソシュール講義録注解』法政大学出版局、一九九一年

池上嘉彦『記号論への招待』岩波書店、一九八四年

丸山圭三郎『ソシュールの思想』岩波書店、一九八一年

丸山圭三郎『言葉と無意識』講談社、一九八七年

立川健二『現代言語論　ソシュール　フロイト　ウィトゲンシュタイン』新曜社、一九九〇年

伊藤直哉『現代文学理論　テクスト・読み・世界』新曜社、一九九六年

大江健三郎『新しい文学のために』岩波書店、一九八八年

島村輝『読むための理論―文学・思想・批評』世織書房、一九九一年

ヴォルフガング・イーザー著 轡田収訳『行為としての読書』岩波書店、一九八二年

【ま行】

【や行】

【ら行】

【わ行】

【その他】

【さ行】

【た行】

【な行】

【は行】

索　引

【著者】

首藤　至道（しゅとう　のりみち）

1965年生まれ。平成元年より大分県にて国語教師。

現実を読み解くための国語教育

—記号論・現象学を観点として—

平成28年5月10日　発　行

著　者　首藤　至道

発行所　株式会社　渓水社

広島市中区小町1-4（〒730-0041）

電 話 082-246-7909　FAX082-246-7876

e-mail：info@keisui.co.jp

URL：www.keisui.co.jp

ISBN978-4-86327-346-7　C3081